EXTRAVAGARIA

Books by Pablo Neruda

Coral de año nuevo para la patria en tinieblas / A New Year's Hymn
   for My Country in Darkness
El gran océano / The Great Ocean
Yo soy / I Am

Las uvas y el viento / The Grapes and the Wind

Los versos del capitán / The Captain's Verses

Odas elementales / Elemental Odes

Nuevas odas elementales / More Elemental Odes

Tercer libro de las odas / The Third Book of Odes

Viajes / Journeys

Estravagario / Extravagaria

Navegaciones y regresos / Voyages and Homecomings

Cien sonetos de amor / One Hundred Love Sonnets

Canción de gesta / Chanson de geste

Las piedras de Chile / The Stones of Chile

Cantos ceremoniales / Ceremonial Songs

Plenos poderes / Fully Empowered

Memorial de Isla Negra / Isla Negra: A Notebook

Arte de pájaros / The Art of Birds

Una casa en la arena / A House by the Shore

La barcarola / Barcarole

PABLO NERUDA

EXTRAVAGARIA

A Bilingual Edition

Translated by Alastair Reid

Farrar, Straus and Giroux
New York

Farrar, Straus and Giroux
18 West 18th Street, New York 10011

Certain of these poems, most of them translated by Alastair Reid, have previously appeared in *Pablo Neruda: Selected Poems*, published by Delacorte Press / Seymour Lawrence, and in *Selected Poems of Pablo Neruda* and *Pablo Neruda: A New Decade*, both published by Grove Press. Grateful acknowledgment is made to these publishers for permission to reprint.

Some of Mr. Reid's translations have been revised for this edition.

Library of Congress Catalog Card Number: 72-84778
Paperback ISBN-13: 978-0-374-51238-5
Paperback ISBN-10: 0-374-51238-8

Designed by Herb Johnson

www.fsgbooks.com

9   11   13   15   16   14   12   10

Contents

Translator's note

Translation is a mysterious alchemy — some poems survive it to become poems in another language, but others refuse to live in any language but their own, in which case the translator can manage no more than a reproduction, an effigy, of the original. The book's title does call for some comment. In Spanish, the original title, *Estravagario*, is nonsensical or, rather, super-sensical, being a mixture of the Spanish words *extravagante*, *extravagar*, *vagar*, *extraviar* and *variar*. Since luck did not yield a wieldy English equivalent, it seemed wisest to use the original title in a Latin cast, Latin being an appropriate halfway house between English and Spanish.

Some of these translations of mine have previously appeared in earlier versions; but I have in all cases refined them, translation being a process of moving closer and closer to the original, yet of never arriving. It is for the reader to cross the page.

Buenos Aires, 1972   ALASTAIR REID

EXTRAVAGARIA

                    tan
                  si
                ce
              ne
            se
          cielo
        al
      subir
Para

                    need
                  you
                sky
              the
            to
          rise
To

dos alas,
un violín,
y cuantas cosas
sin numerar, sin que se hayan nombrado,
certificados de ojo largo y lento,
inscripción en las uñas del almendro,
títulos de la hierba en la mañana.

two wings,
a violin,
and so many things,
incalculable things, things without names,
a licence for a large slow-moving eye,
the inscription on the nails of the almond tree,
the titles of the grass in the morning.

Pido silencio

Ahora me dejen tranquilo.
Ahora se acostumbren sin mí.

Yo voy a cerrar los ojos.

Y sólo quiero cinco cosas,
cinco raíces preferidas.

Una es el amor sin fin.

Lo segundo es ver el otoño.
No puedo ser sin que las hojas
vuelen y vuelvan a la tierra.

Lo tercero es el grave invierno,
la lluvia que amé, la caricia
del fuego en el frío silvestre.

En cuarto lugar el verano
redondo como una sandía.

La quinta cosa son tus ojos.
Matilde mía, bienamada,
no quiero dormir sin tus ojos,
no quiero ser sin que me mires:
yo cambio la primavera
por que tú me sigas mirando.

Amigos, eso es cuanto quiero.
Es casi nada y casi todo.

Ahora si quieren se vayan.

I ask for silence

Now they can leave me in peace,
and grow used to my absence.

I am going to close my eyes.

I only want five things,
five chosen roots.

One is an endless love.

Two is to see the autumn.
I cannot exist without leaves
flying and falling to earth.

The third is the solemn winter,
the rain I loved, the caress
of fire in the rough cold.

My fourth is the summer,
plump as a watermelon.

And fifthly, your eyes.
Matilde, my dear love,
I will not sleep without your eyes,
I will not exist but in your gaze.
I adjust the spring
for you to follow me with your eyes.

That, friends, is all I want.
Next to nothing, close to everything.

Now they can go if they wish.

He vivido tanto que un día
tendrán que olvidarme por fuerza,
borrándome de la pizarra:
mi corazón fue interminable.

Pero porque pido silencio
no crean que voy a morirme:
me pasa todo lo contrario:
sucede que voy a vivirme.

Sucede que soy y que sigo.

No será, pues, sino que adentro
de mí crecerán cereales,
primero los granos que rompen
la tierra para ver la luz,
pero la madre tierra es oscura:
y dentro de mí soy oscuro:
soy como un pozo en cuyas aguas
la noche deja sus estrellas
y sigue sola por el campo.

Se trata de que tanto he vivido
que quiero vivir otro tanto.

Nunca me sentí tan sonoro,
nunca he tenido tantos besos.

Ahora, como siempre, es temprano.
Vuela la luz con sus abejas.

Déjenme solo con el día.
Pido permiso para nacer.

I have lived so much that some day
they will have to forget me forcibly,
rubbing me off the blackboard.
My heart was inexhaustible.

But because I ask for silence,
don't think I'm going to die.
The opposite is true;
it happens I'm going to live.

To be, and to go on being.

I will not be, however, if, inside me,
the crop does not keep sprouting,
the shoots first, breaking through the earth
to reach the light;
but the mothering earth is dark,
and, deep inside me, I am dark.
I am a well in the water of which
the night leaves stars behind
and goes on alone across fields.

It's a question of having lived so much
that I want to live that much more.

I never felt my voice so clear,
never have been so rich in kisses.

Now, as always, it is early.
The light is a swarm of bees.

Let me alone with the day.
I ask leave to be born.

Y cuánto vive?

Cuánto vive el hombre, por fin?

Vive mil días o uno solo?

Una semana o varios siglos?

Por cuánto tiempo muere el hombre?

Qué quiere decir 'Para Siempre'?

Preocupado por este asunto
me dediqué a aclarar las cosas.

Busqué a los sabios sacerdotes,
los esperé después del rito,
los aceché cuando salían
a visitar a Dios y al Diablo.

Se aburrieron con mis preguntas.
Ellos tampoco sabían mucho,
eran sólo administradores.

Los médicos me recibieron,
entre una consulta y otra,
con un bisturí en cada mano,
saturados de aureomicina,
más ocupados cada día.
Según supe por lo que hablaban
el problema era como sigue:
nunca murió tanto microbio,
toneladas de ellos caían,
pero los pocos que quedaron
se manifestaban perversos.

And how long?

How long does a man live, after all?

Does he live a thousand days, or one only?

A week, or several centuries?

How long does a man spend dying?

What does it mean to say 'for ever'?

Lost in these preoccupations,
I set myself to clear things up.

I sought out knowledgeable priests,
I waited for them after their rituals,
I watched them when they went their ways
to visit God and the Devil.

They wearied of my questions.
They on their part knew very little;
they were no more than administrators.

Medical men received me
in between consultations,
a scalpel in each hand,
saturated in aureomycin,
busier each day.
As far as I could tell from their talk,
the problem was as follows:
it was not so much the death of a microbe—
they went down by the ton—
but the few which survived
showed signs of perversity.

Me dejaron tan asustado
que busqué a los enterradores.
Me fui a los ríos donde queman
grandes cadáveres pintados,
pequeños muertos huesudos,
emperadores recubiertos
por escamas aterradoras,
mujeres aplastadas de pronto
por una ráfaga de cólera.
Eran riberas de difuntos
y especialistas cenicientos.

Cuando llegó mi oportunidad
les largué unas cuantas preguntas,
ellos me ofrecieron quemarme:
era todo lo que sabían.

En mi país los enterradores
me contestaron, entre copas:
—'Búscate una moza robusta,
y déjate de tonterías.'

Nunca vi gentes tan alegres.

Cantaban levantando el vino
por la salud y por la muerte.
Eran grandes fornicadores.

Regresé a mi casa más viejo
después de recorrer el mundo.

No le pregunto a nadie nada.

Pero sé cada día menos.

They left me so startled
that I sought out the grave-diggers.
I went to the rivers where they burn
enormous painted corpses,
tiny bony bodies,
emperors with an aura
of terrible curses,
women snuffed out at a stroke
by a wave of cholera.
There were whole beaches of dead
and ashy specialists.

When I got the chance
I asked them a slew of questions.
They offered to burn me;
it was the only thing they knew.

In my own country the undertakers
answered me, between drinks:
'Get yourself a good woman
and give up this nonsense.'

I never saw people so happy.

Raising their glasses they sang,
toasting health and death.
They were huge fornicators.

I returned home, much older
after crossing the world.

Now I question nobody.

But I know less every day.

Ya se fue la ciudad

Cómo marcha el reloj sin darse prisa
con tal seguridad que se come los años:
los días son pequeñas y pasajeras uvas,
los meses se destiñen descolgados del tiempo.

Se va, se va el minuto hacia atrás, disparado
por la más inmutable artillería
y de pronto nos queda sólo un año para irnos,
un mes, un día, y llega la muerte al calendario.

Nadie pudo parar el agua que huye,
no se detuvo con amor mi pensamiento,
siguió, siguió corriendo entre el sol y los seres,
y nos mató su estrofa pasajera.

Hasta que al fin caemos en el tiempo, tendidos,
y nos lleva, y ya nos fuimos, muertos,
arrastrados sin ser, hasta no ser ni sombra,
ni polvo, ni palabra, y allí se queda todo
y en la ciudad en donde no viviremos más
se quedaron vacíos los trajes y el orgullo.

And the city now has gone

How the clock moves on, relentlessly,
with such assurance that it eats the years.
The days are small and transitory grapes,
the months grow faded, taken out of time.

It fades, it falls away, the moment, fired
by that implacable artillery —
and suddenly, only a year is left to us,
a month, a day, and death turns up in the diary.

No one could ever stop the water's flowing;
nor thought nor love has ever held it back.
It has run on through suns and other beings,
its passing rhythm signifying our death.

Until, in the end, we fall in time, exhausted,
and it takes us, and that's it. Then we are dead,
dragged off with no being left, no life, no darkness,
no dust, no words. That is what it comes to;
and in the city where we'll live no more,
all is left empty, our clothing and our pride.

A callarse

Ahora contaremos doce
y nos quedamos todos quietos.

Por una vez sobre la tierra
no hablemos en ningún idioma,
por un segundo detengámonos,
no movamos tanto los brazos.

Sería un minuto fragante,
sin prisa, sin locomotoras,
todos estaríamos juntos
en una inquietud instantánea.

Los pescadores del mar frío
no harían daño a las ballenas
y el trabajador de la sal
miraría sus manos rotas.

Los que preparan guerras verdes,
guerras de gas, guerras de fuego,
victorias sin sobrevivientes,
se pondrían un traje puro
y andarían con sus hermanos
por la sombra, sin hacer nada.

No se confunda lo que quiero
con la inacción definitiva:
la vida es sólo lo que se hace,
no quiero nada con la muerte.

Si no pudimos ser unánimes
moviendo tanto nuestras vidas,

Keeping quiet

Now we will count to twelve
and we will all keep still.

For once on the face of the earth,
let's not speak in any language;
let's stop for one second,
and not move our arms so much.

It would be an exotic moment
without rush, without engines;
we would all be together
in a sudden strangeness.

Fishermen in the cold sea
would not harm whales
and the man gathering salt
would look at his hurt hands.

Those who prepare green wars,
wars with gas, wars with fire,
victories with no survivors,
would put on clean clothes
and walk about with their brothers
in the shade, doing nothing.

What I want should not be confused
with total inactivity.
Life is what it is about;
I want no truck with death.

If we were not so single-minded
about keeping our lives moving,

tal vez no hacer nada una vez,
tal vez un gran silencio pueda
interrumpir esta tristeza,
este no entendernos jamás
y amenazarnos con la muerte,
tal vez la tierra nos enseñe
cuando todo parece muerto
y luego todo estaba vivo.

Ahora contaré hasta doce
y tú te callas y me voy.

and for once could do nothing,
perhaps a huge silence
might interrupt this sadness
of never understanding ourselves
and of threatening ourselves with death.
Perhaps the earth can teach us
as when everything seems dead
and later proves to be alive.

Now I'll count up to twelve
and you keep quiet and I will go.

Regreso a una ciudad

A qué he venido? les pregunto.

Quién soy en esta ciudad muerta?

No encuentro la calle ni el techo
de la loca que me quería.

Los cuervos, no hay duda, en las ramas,
el Monzón verde y furibundo,
el escupitajo escarlata
en las calles desmoronadas,
el aire espeso, pero dónde,
pero dónde estuve, quién fui?
No entiendo sino las cenizas.

El vendedor de betel mira
sin reconocer mis zapatos,
mi rostro recién resurrecto.
Tal vez su abuelo me diría:
'Salam' pero sucede
que se cayó mientras volaba,
se cayó al pozo de la muerte.

En tal edificio dormí
catorce meses y sus años,
escribí desdichas,
mordí
la inocencia de la amargura,
y ahora paso y no está la puerta:
la lluvia ha trabajado mucho.

Return to a city

What have I come to? I ask them.

Who am I in this dead city?

I can't find either the street or the roof
of the crazy girl who once loved me.

There's no doubting the crows in the branches,
the monsoon green and boiling,
the scarlet spittle
in the eroded streets,
the air heavy—but where,
where was I, who was I?
I understand only the ashes.

The betel-seller looks at me,
recognizing neither my shoes
nor my recently resurrected face.
Perhaps his grandfather would grant me
a salaam, but it so happens
that he succumbed while I was travelling,
dropped deep into the well of death.

I slept in such a building
fourteen months and the corresponding years;
I wrote out my misery.
I bit
innocently into bitterness.
I pass now and the door is not there.
The rain has been working overtime.

Ahora me doy cuenta que he sido
no sólo un hombre sino varios
y que cuantas veces he muerto,
sin saber cómo he revivido,
como si cambiara de traje
me puse a vivir otra vida
y aquí me tienen sin que sepa
por qué no reconozco a nadie,
por qué nadie me reconoce,
si todos fallecieron aquí
y yo soy entre tanto olvido
un pájaro sobreviviente
o al revés la ciudad me mira
y sabe que yo soy un muerto.

Ando por bazares de seda
y por mercados miserables,
me cuesta creer que las calles
son las mismas, los ojos negros
duros como puntas de clavo
golpean contra mis miradas,
y la pálida Pagoda de Oro
con su inmóvil idolatría
ya no tiene ojos, ya no tiene
manos, ya no tiene fuego.
Adiós, calles sucias del tiempo,
adiós, adiós, amor perdido,
regreso al vino de mi casa,
regreso al amor de mi amada,
a lo que fui y a lo que soy,
agua y sol, tierras con manzanas,
meses con labios y con nombres,
regreso para no volver,
nunca más quiero equivocarme,
es peligroso caminar
hacia atrás porque de repente
es una cárcel el pasado.

Now it dawns on me that I have been
not just one man but several,
and that I have died so many times
with no notion of how I was reborn,
as if the act of changing clothes
were to force me to live another life,
and here I am without the least idea
of why I cannot recognize a soul,
of why no one recognizes me,
as if everyone here were dead
and I alive in the midst of such forgetting,
a bird that still survives —
or, the reverse, the city watching me,
and realizing I am the one who is dead.

I walk through the silk bazaars,
and the markets of misery.
It is hard to believe the streets
are the selfsame streets; the black eyes,
hard as nailpoints,
glare back against my glances,
and the pale Gold Pagoda
with all its frozen idolatry
has no eyes now, no hands,
no longer any fire.
Goodbye, streets soiled by time,
goodbye, goodbye, lost love.
I return to the wine of my house,
I return to the love of my loved one,
to what I was and to what I am,
water and sun, earth ripe with apples,
months with lips and with names.
I come back not to return;
no more do I wish to mislead myself.
It is dangerous to wander
backward, for all of a sudden
the past turns into a prison.

Baraja

Dentro del Lunes caben
todos los días juntos,
hacen una baraja
que resplandece y silba
cortando el tiempo con
copas, bastones, oros.

Martes maligno, sota
del amor desdichado,
llega bailando
con
el filo de una espada.
Imparcial, vestido
de rey distante el Miércoles
sale de la semana
con la señora Jueves,
se disimulan, arden
entre el agua y la arena,
clandestinos, se encuentran
siempre del brazo arriba,
siempre juntos abajo,
siempre acostados juntos.

El Viernes con su copa
galopa en la semana
como dentro de un aro
angosto, azul, eterno.

Sábado, dama negra
nocturna, coronada
con corazones rojos,
danza, bella, en el trono

Pack

All the days of the week
are contained in Monday.
They make up a pack
which glistens and whistles,
dividing up time
into hearts, diamonds, clubs.

Wicked Tuesday, jack
of all unhappy love,
comes in dancing
with
a sharp-edged sword.
The neutral robes
of distant King Wednesday
emerge from the week
with the lady Thursday;
they're deceptive, they burn
between water and sand,
secretive, they always
have one arm raised,
are always attached below,
always sleeping together.

Friday with its cup
gallops in the week
as if inside a ring,
narrow, blue, eternal.

Saturday, dark lady
of night, crowned
with red hearts, dances
beautiful on her throne

de las cervecerías,
moja los pies del naipe
cantando en las esquinas:
cubre con un paraguas
tus alhajas bermejas
y canta hasta que caigas
en el Domingo blanco,
como un regalo de oro,
como un huevo en un plato.

Se van, se van, se fueron.

Se barajaron hasta
ser sólo cartulinas,
hebras de luz, perfiles.
Y el Lunes aparece.

Se van, se van, volvieron.

in all the beer halls,
wetting the feet of the card,
singing on street corners;
she covers with her umbrella
your scarlet jewels
and sings until you drop
into the whiteness of Sunday
like a gift of gold,
like an egg on a plate.

Going, going, gone.

They were shuffled until
they became just cards,
threads of light, profiles —
then Monday shows up.

Going, going, they're back.

Fábula de la sirena y los borrachos

Todos estos señores estaban dentro
cuando ella entró completamente desnuda
ellos habían bebido y comenzaron a escupirla
ella no entendía nada recién salía del rio
era una sirena que se había extraviado
los insultos corrían sobre su carne lisa
la inmundicia cubrió sus pechos de oro
ella no sabía llorar por eso no lloraba
no sabía vestirse por eso no se vestía
la tatuaron con cigarrillos y con corchos quemados
y reían hasta caer al suelo de la taberna
ella no hablaba porque no sabía hablar
sus ojos eran color de amor distante
sus brazos construídos de topacios gemelos
sus labios se cortaron en la luz del coral
y de pronto salió por esa puerta
apenas entró al río quedó limpia
relució como una piedra blanca en la lluvia
y sin mirar atrás nadó de nuevo
nadó hacia nunca más hacia morir.

Fable of the mermaid and the drunks

All these gentlemen were there inside
when she entered, utterly naked.
They had been drinking, and began to spit at her.
Recently come from the river, she understood nothing.
She was a mermaid who had lost her way.
The taunts flowed over her glistening flesh.
Obscenities drenched her golden breasts.
A stranger to tears, she did not weep.
A stranger to clothes, she did not dress.
They pocked her with cigarette ends and with burnt corks,
and rolled on the tavern floor with laughter.
She did not speak, since speech was unknown to her.
Her eyes were the colour of faraway love,
her arms were matching topazes.
Her lips moved soundlessly in coral light,
and ultimately, she left by that door.
Scarcely had she entered the river than she was cleansed,
gleaming once more like a white stone in the rain;
and without a backward look, she swam once more,
swam toward nothingness, swam to her dying.

Repertorio

Yo te buscaré a quién amar
antes de que no seas niño:
después te toca abrir tu caja
y comerte tus sufrimientos.

Yo tengo reinas encerradas,
como abejas, en mi dominio,
y tú verás una por una
cómo ellas se peinan la miel
para vestirse de manzanas,
para trepar a los cerezos,
para palpitar en el humo.

Te guardo estas novias salvajes
que tejerán la primavera
y que no conocen el llanto.

En el reloj del campanario
escóndete mientras desfilan
las encendidas de amaranto,
las últimas niñas de nieve,
las perdidas, las victoriosas,
las coronadas de amarillo,
las infinitamente oscuras,
y unas, pausadamente tiernas,
harán su baile transparente
mientras otras pasan ardiendo,
fugaces como meteoros.

Dime cuál quieres aún ahora,
más tarde ya sería tarde.

Repertoire

I will find someone for you to love
before you stop being a child —
then it will be your turn to open your box
and swallow your own sufferings.

I have at my command
queen-bees in boxes
and you'll see how, one by one,
they smooth out the honey,
dressing up as apples,
climbing the cherry trees,
quivering in the smoke.

For you I'm keeping these wild loves
who will weave the spring,
who are strangers to weeping.

Hide yourself in the clock
in the belfry while they pass,
girls bright as amaranth,
the last girls of the snow,
the lost ones, the lucky ones,
the ones crowned in yellow,
the infinitely mysterious;
and some, gentle and loving,
will perform their limpid dance,
while others pass on fire,
swift as meteors.

Tell me which ones you want for now;
later is too late.

Hoy crees todo lo que cuento.

Mañana negarás la luz.

Yo soy el que fabrica sueños
y en mi casa de pluma y piedra
con un cuchillo y un reloj
corto las nubes y las olas,
con todos estos elementos
ordeno mi caligrafía
y hago crecer seres sin rumbo
que aún no podían nacer.

Lo que yo quiero es que te quieran
y que no conozcas la muerte.

Today you believe what I'm telling you.

Tomorrow you'll be contradicting the light.

I am one who keeps turning out dreams,
and in my house of feather and stone,
with a knife and a watch,
I cut up clouds and waves,
and with all these elements
I shape my own handwriting;
and I make these beings grow quietly
who could not have been born till now.

What I want is for them to love you
and for you to know nothing of death.

El gran mantel

Cuando llamaron a comer
se abalanzaron los tiranos
y sus cocotas pasajeras,
y era hermoso verlas pasar
como avispas de busto grueso
seguidas por aquellos pálidos
y desdichados tigres públicos.

Su oscura ración de pan
comió el campesino en el campo,
estaba solo y era tarde,
estaba rodeado de trigo,
pero no tenía más pan,
se lo comió con dientes duros,
mirándolo con ojos duros.

En la hora azul del almuerzo,
la hora infinita del asado,
el poeta deja su lira,
toma el cuchillo, el tenedor
y pone su vaso en la mesa,
y los pescadores acuden
al breve mar de la sopera.
Las papas ardiendo protestan
entre las lenguas del aceite.
Es de oro el cordero en las brasas
y se desviste la cebolla.
Es triste comer de frac,
es comer en un ataúd,
pero comer en los conventos
es comer ya bajo la tierra.
Comer solos es muy amargo

The great tablecloth

When they were called to the table,
the tyrants came rushing
with their temporary ladies;
it was fine to watch the women pass
like wasps with big bosoms
followed by those pale
and unfortunate public tigers.

The peasant in the field ate
his poor quota of bread,
he was alone, it was late,
he was surrounded by wheat,
but he had no more bread;
he ate it with grim teeth,
looking at it with hard eyes.

In the blue hour of eating,
the infinite hour of the roast,
the poet abandons his lyre,
takes up his knife and fork,
puts his glass on the table,
and the fishermen attend
the little sea of the soup bowl.
Burning potatoes protest
among the tongues of oil.
The lamb is gold on its coals
and the onion undresses.
It is sad to eat in dinner clothes,
like eating in a coffin,
but eating in convents
is like eating underground.
Eating alone is a disappointment,

pero no comer es profundo,
es hueco, es verde, tiene espinas
como una cadena de anzuelos
que cae desde el corazón
y que te clava por adentro.

Tener hambre es como tenazas,
es como muerden los cangrejos,
quema, quema y no tiene fuego:
el hambre es un incendio frío.
Sentémonos pronto a comer
con todos los que no han comido,
pongamos los largos manteles,
la sal en los lagos del mundo,
panaderías planetarias,
mesas con fresas en la nieve,
y un plato como la luna
en donde todos almorcemos.

Por ahora no pido más
que la justicia del almuerzo.

but not eating matters more,
is hollow and green, has thorns
like a chain of fish hooks
trailing from the heart,
clawing at your insides.

Hunger feels like pincers,
like the bite of crabs,
it burns, burns and has no fire.
Hunger is a cold fire.
Let us sit down soon to eat
with all those who haven't eaten;
let us spread great tablecloths,
put salt in the lakes of the world,
set up planetary bakeries,
tables with strawberries in snow,
and a plate like the moon itself
from which we can all eat.

For now I ask no more
than the justice of eating.

Con ella

Como es duro este tiempo, espérame:
vamos a vivirlo con ganas.
Dame tu pequeñita mano:
vamos a subir y sufrir,
vamos a sentir y saltar.

Somos de nuevo la pareja
que vivió en lugares hirsutos,
en nidos ásperos de roca.
Como es largo este tiempo, espérame
con una cesta, con tu pala,
con tus zapatos y tu ropa.

Ahora nos necesitamos
no sólo para los claveles,
no sólo para buscar miel:
necesitamos nuestras manos
para lavar y hacer el fuego,
y que se atreva el tiempo duro
a desafiar el infinito
de cuatro manos y cuatro ojos.

With her

This time is difficult. Wait for me.
We will live it out vividly.
Give me your small hand:
we will rise and suffer,
we will feel, we will rejoice.

We are once more the pair
who lived in bristling places,
in harsh nests in the rock.
This time is difficult. Wait for me
with a basket, with a shovel,
with your shoes and your clothes.

Now we need each other,
not only for the carnations' sake,
not only to look for honey —
we need our hands
to wash with, to make fire.
So let our difficult time
stand up to infinity
with four hands and four eyes.

No tan alto

De cuando en cuando y a lo lejos
hay que darse un baño de tumba.

Sin duda todo está muy bien
y todo está muy mal, sin duda.

Van y vienen los pasajeros,
crecen los niños y las calles,
por fin compramos la guitarra
que lloraba sola en la tienda.

Todo está bien, todo está mal.

Las copas se llenan y vuelven
naturalmente a estar vacías
y a veces en la madrugada,
se mueren misteriosamente.

Las copas y los que bebieron.

Hemos crecido tanto que ahora
no saludamos al vecino
y tantas mujeres nos aman
que no sabemos cómo hacerlo.

Qué ropas hermosas llevamos!
Y qué importantes opiniones!

Conocí a un hombre amarillo
que se creía anaranjado
y a un negro vestido de rubio.

Se ven y se ven tantas cosas.

Not quite so tall

From time to time and at a distance
you have to bathe in your own grave.

No doubt everything's fine
and everything's very bad, no doubt.

The passengers come and go,
the streets and children grow;
at last we buy the guitar
that wept alone in the store.

All's well, all is awful.

Glasses are filled and then
are empty again, of course,
and at times in the early morning
mysteriously they die.

The glasses and those who were drinking.

We have grown so much that now
we don't even greet our neighbours
and so many women love us
that we don't know how to manage.

What handsome clothes we wear!
What pompous opinions we air!

I knew a yellow man
who thought that he was orange,
and a black one dressed as a white.

You see and you see so many things.

Vi festejados los ladrones
por caballeros impecables
y esto se pasaba en inglés.
Y vi a los honrados, hambrientos,
buscando pan en la basura.

Yo sé que no me cree nadie.
Pero lo he visto con mis ojos.

Hay que darse un baño de tumba
y desde la tierra cerrada
mirar hacia arriba el orgullo.

Entonces se aprende a medir.
Se aprende a hablar, se aprende a ser.
Tal vez no seremos tan locos,
tal vez no seremos tan cuerdos.
Aprenderemos a morir.
A ser barro, a no tener ojos.
A ser apellido olvidado.

Hay unos poetas tan grandes
que no caben en una puerta
y unos negociantes veloces
que no recuerdan la pobreza.
Hay mujeres que no entrarán
por el ojo de una cebolla
y hay tantas cosas, tantas cosas,
y así son, y así no serán.

Si quieren no me crean nada.

Sólo quise enseñarles algo.

Yo soy profesor de la vida,
vago estudiante de la muerte
y si lo que sé no les sirve
no he dicho nada, sino todo.

I've seen swindlers entertained
by impeccable gentlemen
and this took place in English;
and I've seen good people hungry,
hunting for bread in the rubbish.

I know no one believes me.
But I've seen it with my own eyes.

You have to bathe in your own grave
and from the enclosing earth
take a look upward at your pride.

Then, you learn to measure.
You learn to speak, you learn to be.
Perhaps we will not be so crazy,
perhaps we will not be so wise.
We will learn how to die,
to be clay, to be eyeless,
to be a forgotten name.

There are some poets so big
they don't fit in doorways
and some merchants so sharp
they don't remember being poor.
There are women who won't pass
through the eye of an onion—
and so many things, and so many things,
and so they are, and so they won't be.

If they like, they can disbelieve me.

I only wanted to teach them something.

I'm a professor of life,
a vague student of death
and if what I know is no use
I have said nothing and everything.

Punto

No hay espacio más ancho que el dolor,
no hay universo como aquel que sangra.

Point

There is no space wider than that of grief,
there is no universe like that which bleeds.

El miedo

Todos me piden que dé saltos,
que tonifique y que futbole,
que corra, que nade y que vuele.
Muy bien.

Todos me aconsejan reposo,
todos me destinan doctores,
mirándome de cierta manera.
Qué pasa?

Todos me aconsejan que viaje,
que entre y que salga, que no viaje,
que me muera y que no me muera.
No importa.

Todos ven las dificultades
de mis vísceras sorprendidas
por radioterribles retratos.
No estoy de acuerdo.

Todos pican mi poesía
con invencibles tenedores
buscando, sin duda, una mosca.
Tengo miedo.

Tengo miedo de todo el mundo,
del agua fría, de la muerte.
Soy como todos los mortales,
inaplazable.

Fear

Everyone is after me to exercise,
get in shape, play football,
rush about, even go swimming and flying.
Fair enough.

Everyone is after me to take it easy.
They all make doctor's appointments for me,
eyeing me in that quizzical way.
What is it?

Everyone is after me to take a trip,
to come in, to leave, not to travel,
to die and, alternatively, not to die.
It doesn't matter.

Everyone is spotting oddnesses
in my innards, suddenly shocked
by radio-awful diagrams.
I don't agree with them.

Everyone is picking at my poetry
with their relentless knives and forks,
trying, no doubt, to find a fly.
I am afraid.

I am afraid of the whole world,
afraid of cold water, afraid of death.
I am as all mortals are,
unable to be patient.

Por eso en estos cortos días
no voy a tomarlos en cuenta,
voy a abrirme y voy a encerrarme
con mi más pérfido enemigo,
Pablo Neruda.

And so, in these brief, passing days,
I shall put them out of my mind.
I shall open up and imprison myself
with my most treacherous enemy,
Pablo Neruda.

Para la luna diurna

Luna del día, temblorosa
como una medusa en el cielo,
qué andas haciendo tan temprano?

Andas navegando o bailando?

Y ese traje de novia triste
deshilachado por el viento,
esas guirnaldas transparentes
de naufragios o de atavíos,
como si no hubieras llegado
aún a la casa de la noche
y cerca de la puerta buscaras
perdida, en el río del cielo
una llave color de estrella?

Y sigue el día y desvanece
tu corola martirizada
y arde el día como una casa
del Sur quemante y maderero.
El sol con sus crines atómicas
hierve y galopa enfurecido
mientras pasa tu cola blanca
como un pescado por el cielo.

Vuélvete a la noche profunda,
luna de los ferrocarriles,
luna del tigre tenebroso,
luna de las cervecerías,
vuelve al salón condecorado
de las altas noches fluviales,
sigue deslizando tu honor
sobre la paciencia del cielo.

For the daylight moon

Day moon, quivering
like a jellyfish in the sky,
what are you up to so early?

Are you sailing or dancing?

And that wistful wedding dress
unravelled by the wind,
those transparent wreaths
of shipwrecks or of finery,
as if you had not quite reached
the shelter of the night
and beside the door you are looking for
in the river of the sky
a lost star-coloured key?

And the day comes on, diminishing
your ravished corolla
and the day burns like a house
in the fierce and wooded South.
The sun with its atomic mane
boils and gallops, raging
while your white trail passes
like a fish through the sky.

Go back to the deeps of night,
moon of the railway lines,
moon of the tiger-dark,
moon of the beer parlours;
go back to the gaudy hall
of the high rivering nights,
go on gliding your honour
across the patience of the sky.

Cierto cansancio

No quiero estar cansado solo,
quiero que te canses conmigo.

Cómo no sentirse cansado
de cierta ceniza que cae
en las ciudades en otoño,
algo que ya no quiere arder,
y que en los trajes se acumula
y poco a poco va cayendo
destiñendo los corazones.

Estoy cansado del mar duro
y de la tierra misteriosa.
Estoy cansado de las gallinas:
nunca supimos lo que piensan,
y nos miran con ojos secos
sin concedernos importancia.

Te invito a que de una vez
nos cansemos de tantas cosas,
de los malos aperitivos
y de la buena educación.

Cansémonos de no ir a Francia,
cansémonos de por lo menos
uno o dos días en la semana
que siempre se llaman lo mismo
como los platos en la mesa,
y que nos levantan, a qué?
y que nos acuestan sin gloria.

A certain weariness

I don't want to be tired alone,
I want you to grow tired along with me.

How can we not be weary
of the kind of fine ash
which falls on cities in autumn,
something which doesn't quite burn,
which collects in jackets
and little by little settles,
discolouring the heart.

I'm tired of the harsh sea
and the mysterious earth.
I'm tired of chickens—
we never know what they think,
and they look at us with dry eyes
as though we were unimportant.

Let us for once—I invite you—
be tired of so many things,
of awful aperitifs,
of a good education.

Tired of not going to France,
tired of at least
one or two days in the week
which have always the same names
like dishes on the table,
and of getting up—what for?—
and going to bed without glory.

Digamos la verdad al fin,
que nunca estuvimos de acuerdo
con estos días comparables
a las moscas y a los camellos.

He visto algunos monumentos
erigidos a los titanes,
a los burros de la energía.
Allí los tienen sin moverse
con sus espadas en la mano
sobre sus tristes caballos.
Estoy cansado de las estatuas.
No puedo más con tanta piedra.

Si seguimos así llenando
con los inmóviles el mundo,
cómo van a vivir los vivos?

Estoy cansado del recuerdo.

Quiero que el hombre cuando nazca
respire las flores desnudas,
la tierra fresca, el fuego puro,
no lo que todos respiraron.
Dejen tranquilos a los que nacen!

Dejen sitio para que vivan!
No les tengan todo pensado,
no les lean el mismo libro,
déjenlos descubrir la aurora
y ponerle nombre a sus besos.

Quiero que te canses conmigo
de todo lo que está bien hecho.
De todo lo que nos envejece.

Let us finally tell the truth:
we never thought much of
these days that are like
houseflies or camels.

I have seen some monuments
raised to titans,
to donkeys of industry.
They're there, motionless,
with their swords in their hands
on their gloomy horses.
I'm tired of statues.
Enough of all that stone.

If we go on filling up
the world with still things,
how can the living live?

I am tired of remembering.

I want men, when they're born,
to breathe in naked flowers,
fresh soil, pure fire,
not just what everyone breathes.
Leave the newborn in peace!

Leave room for them to live!
Don't think for them,
don't read them the same book;
let them discover the dawn
and name their own kisses.

I want you to be weary with me
of all that is already well done,
of all that ages us.

De lo que tienen preparado
para fatigar a los otros.

Cansémonos de lo que mata
y de lo que no quiere morir.

Of all that lies in wait
to wear out other people.

Let us be weary of what kills
and of what doesn't want to die.

Cuánto pasa en un día

Dentro de un día nos veremos.

Pero en un día crecen cosas,
se venden uvas en la calle,
cambia la piel de los tomates,
la muchacha que te gustaba
no volvió más a la oficina.

Cambiaron de pronto el cartero.
Las cartas ya no son las mismas.
Varias hojas de oro y es otro:
este árbol es ahora un rico.

Quién nos diría que la tierra
con su vieja piel cambia tanto?
Tiene más volcanes que ayer,
el cielo tiene nuevas nubes,
los ríos van de otra manera.
Además cuánto se construye!
Yo he inaugurado centenares
de carreteras, de edificios,
de puentes puros y delgados
como navíos o violines.

Por eso cuando te saludo
y beso tu boca florida
nuestros besos son otros besos
y nuestras bocas otras bocas.

Salud, amor, salud por todo
lo que cae y lo que florece.

How much happens in a day

In the course of a day we shall meet one another.

But, in one day, things spring to life —
they sell grapes in the street,
tomatoes change their skin,
the young girl you wanted
never came back to the office.

They changed the postman suddenly.
The letters now are not the same.
A few golden leaves and it's different;
this tree is now well off.

Who would have said that the earth
with its ancient skin would change so much?
It has more volcanoes than yesterday,
the sky has brand-new clouds,
the rivers are flowing differently.
Besides, so much has come into being!
I have inaugurated hundreds
of highways and buildings,
delicate, clean bridges
like ships or violins.

And so, when I greet you
and kiss your flowering mouth,
our kisses are other kisses,
our mouths are other mouths.

Joy, my love, joy in all things,
in what falls and what flourishes.

Salud por ayer y por hoy,
por anteayer y por mañana.

Salud por el pan y la piedra,
salud por el fuego y la lluvia.

Por lo que cambia, nace, crece,
se consume y vuelve a ser beso.

Salud por lo que tenemos de aire
y lo que tenemos de tierra.

Cuando se seca nuestra vida
nos quedan sólo las raíces
y el viento es frío como el odio.

Entonces cambiamos de piel,
de uñas, de sangre, de mirada,
y tú me besas y yo salgo
a vender luz por los caminos.

Salud por la noche y el día
y las cuatro estaciones del alma.

Joy in today and yesterday,
the day before and tomorrow.

Joy in bread and stone,
joy in fire and rain.

In what changes, is born, grows,
consumes itself, and becomes a kiss again.

Joy in the air we have,
and in what we have of earth.

When our life dries up,
only the roots remain to us,
and the wind is cold like hate.

Then let us change our skin,
our nails, our blood, our gazing;
and you kiss me and I go out
to sell light on the roads.

Joy in the night and the day,
and the four stations of the soul.

Vamos saliendo

El hombre dijo sí sin que supiera
determinar de lo que se trataba,
y fue llevado y fue sobrellevado,
y nunca más salió de su envoltorio,
y es así: nos vamos cayendo
dentro del pozo de los otros seres
y un hilo viene y nos envuelve el cuello
y otro nos busca el pie y ya no se puede,
ya no se puede andar sino en el pozo:
nadie nos saca de los otros hombres.

Parece que no sabemos hablar,
parece que hay palabras que huyen,
que no están, que se fueron y nos dejaron
a nosotros con trampas y con hilos.

Y de pronto ya está, ya no sabemos
de qué se trata pero estamos dentro
y ya no volveremos a mirar
como cuando jugábamos de niños,
ya se nos terminaron estos ojos,
ya nuestras manos salen de otros brazos.

Por eso cuando duermes sueñas solo
y corres libre por las galerías
de un solo sueño que te pertenece,
y ay que no vengan a robarnos sueños,
ay que no nos enreden en la cama.
Guardémonos la sombra
a ver si desde nuestra oscuridad
salimos y tanteamos las paredes,
acechamos la luz para cazarla
y de una vez por todas
nos pertenece el sol de cada día.

Emerging

A man says yes without knowing
how to decide even what the question is,
and is caught up, and then is carried along
and never again escapes from his own cocoon;
and that's how we are, forever falling
into the deep well of other beings;
and one thread wraps itself around our necks,
another entwines a foot, and then it is impossible,
impossible to move except in the well —
nobody can rescue us from other people.

It seems as if we don't know how to speak;
it seems as if there are words which escape,
which are missing, which have gone away and left us
to ourselves, tangled up in snares and threads.

And all at once, that's it; we no longer know
what it's all about, but we are deep inside it,
and now we will never see with the same eyes
as once we did when we were children playing.
Now these eyes are closed to us,
now our hands emerge from different arms.

And therefore when you sleep, you are alone in your dreaming,
and running freely through the corridors
of one dream only, which belongs to you.
Oh never let them come to steal our dreams,
never let them entwine us in our bed.
Let us hold on to the shadows
to see if, from our own obscurity,
we emerge and grope along the walls,
lie in wait for the light, to capture it,
till, once and for all time,
it becomes our own, the sun of every day.

Soliloquio en las tinieblas

Entiendo que ahora tal vez
estamos gravemente solos,
me propongo preguntar cosas:
nos hablaremos de hombre a hombre.

Contigo, con aquel que pasa,
con los que nacieron ayer,
con todos los que se murieron
y con los que nacerán mañana
quiero hablar sin que nadie escuche,
sin que estén susurrando siempre,
sin que se transformen las cosas
en las orejas del camino.

Bueno, pues, de dónde y adónde?
Por qué se te ocurrió nacer?
Sabes que la tierra es pequeña,
apenas como una manzana,
como una piedrecita dura,
y que se matan los hermanos
por un puñado de polvo?

Para los muertos hay tierra!

Ya sabes o vas a saber
que el tiempo es apenas un día
y un día es una sola gota?

Cómo andarás, cómo anduviste?
Social, gregario o taciturno?
Vas a caminar adelante
de los que nacieron contigo?
O con un trabuco en la mano
vas a amenazar sus riñones?

Soliloquy at twilight

Given that now perhaps
we are seriously alone,
I mean to ask some questions —
we'll speak man to man.

With you, with that passer-by,
with those born yesterday,
with all those who died,
and with those to be born tomorrow,
I want to speak without being overheard,
without them always whispering,
without things getting changed
in ears along the way.

Well then, where from, where to?
What made you decide to be born?
Do you know that the world is small,
scarcely the size of an apple,
like a little hard stone,
and that brothers kill each other
for a fistful of dust?

For the dead there's land enough!

You know by now, or you will,
that time is scarcely one day
and a day is a single drop?

How will you be, how have you been?
Sociable, talkative, silent?
Are you going to outdistance
those who were born with you?
Or will you be sticking a pistol
grimly into their kidneys?

Qué vas a hacer con tantos días
que te sobran, y sobre todo
con tantos días que te faltan?

Sabes que en las calles no hay nadie
y adentro de las casas tampoco?

Sólo hay ojos en las ventanas.

Si no tienes dónde dormir
toca una puerta y te abrirán,
te abrirán hasta cierto punto
y verás que hace frío adentro,
que aquella casa está vacía,
y no quiere nada contigo,
no valen nada tus historias,
y si insistes con tu ternura
te muerden el perro y el gato.

Hasta luego, hasta que me olvides!

Me voy porque no tengo tiempo
de hacer más preguntas al viento.

Tengo tanta prisa que apenas
puedo caminar con decoro,
en alguna parte me esperan
para acusarme de algo, y tengo
yo que defenderme de algo:
nadie sabe de qué se trata
pero se sabe que es urgente
y si no llego está cerrado,
y cómo voy a defenderme
si toco y no me abren la puerta?

What will you do with so many days
left over, and even more,
with so many missing days?

Do you know there's nobody in the streets
and nobody in the houses?

There are only eyes in the windows.

If you don't have somewhere to sleep,
knock on a door and it will open,
open up to a certain point
and you'll see it's cold inside,
and that that house is empty
and wants nothing to do with you;
your stories are worth nothing,
and if you insist on being gentle,
the dog and cat will bite you.

Until later, till you forget me —

I'm going, since I don't have time
to ask the wind more questions.

I can scarcely walk properly,
I'm in such a hurry.
Somewhere they're waiting
to accuse me of something
and I have to defend myself;
nobody knows what it's about
except that it's urgent,
and if I don't go, it will close,
and how can I hold my own
if I knock and nobody opens the door?

Hasta luego, hablaremos antes.
O hablamos después, no recuerdo,
o tal vez no nos hemos visto,
ni podemos comunicarnos.
Tengo estas costumbres de loco,
hablo, no hay nadie y no me escucho,
me pregunto y no me respondo.

Until later, we'll speak before then.
Or speak after, I don't remember,
or perhaps we haven't even met
or cannot communicate.
I have these crazy habits—
I speak, there is no one and I don't listen,
I ask myself questions and never answer.

V.

Sufro de aquel amigo que murió
y que era como yo buen carpintero.
Íbamos juntos por mesas y calles,
por guerras, por dolores y por piedras.
Cómo se le agrandaba la mirada
conmigo, era un fulgor aquel huesudo,
y su sonrisa me sirvió de pan,
nos dejamos de ver y V. se fue enterrando
hasta que lo obligaron a la tierra.

Desde entonces los mismos,
los que lo acorralaron mientras vivo
lo visten, lo sacuden,
lo condecoran, no lo dejan muerto,
y al pobre tan dormido
lo arman con sus espinas
y contra mí lo tiran, a matarme,
a ver quién mide más, mi pobre muerto
o yo, su hermano vivo.

Y ahora busco a quién contar las cosas
y no hay nadie que entienda estas miserias,
esta alimentación de la amargura:
hace falta uno grande,
y aquél ya no sonríe.
Ya se murió y no hallo a quién decirle
que no podrán, que no lograrán nada:
él, en el territorio de su muerte,
con sus obras cumplidas
y yo con mis trabajos
somos sólo dos pobres carpinteros
con derecho al honor entre nosotros,
con derecho a la muerte y a la vida.

V.

I suffer for that friend who died
and who like me was a good carpenter.
Together we worked our way through tables and streets,
through wars, through sorrows, through stones.
How his awareness grew along with mine!
He was dazzling, that bony one,
and his smile was bread to me.
We stopped meeting and V. went on burying himself
till he was forced into the ground.

From then on, the same people
who cornered him while he lived
dress him up, shake him,
bemedal him, refuse him his death,
and they arm the poor sleeping one
with their own sharp thorns
and aim them at me, to kill me,
to see who measures more: my poor dead one,
or I, his living brother.

And I look now for someone to tell this to
and there is no one to understand these miseries,
this consuming bitterness.
It would take someone generous
and that one no longer smiles.
He's dead, and I find no one to whom I can say
that they cannot and will not accomplish anything —
he, in the country of his death,
with his work fulfilled
and I with my labours.
We are only two poor carpenters
who deserve respect among ourselves,
with a right to death and a right to life.

Partenogénesis

Todos los que me daban consejos
están más locos cada día.
Por suerte no les hice caso
y se fueron a otra ciudad,
en donde viven todos juntos
intercambiándose sombreros.

Eran sujetos estimables,
políticamente profundos,
y cada falta que yo hacía
les causaba tal sufrimiento
que encanecieron, se arrugaron,
dejaron de comer castañas,
y una otoñal melancolía
por fin los dejó delirantes.

Ahora yo no sé qué ser,
si olvidadizo o respetuoso,
si continuar aconsejado
o reprocharles su delirio:
no sirvo para independiente,
me pierdo entre tanto follaje,
y no sé si salir o entrar,
si caminar o detenerme,
si comprar gatos o tomates.

Voy a tratar de comprender
lo que no debo hacer y hacerlo,
y así poder justificar
los caminos que se me pierdan,
porque si yo no me equivoco
quién va a creer en mis errores?

Parthenogenesis

All those who used to give me advice
are crazier every day.
Luckily I ignored them
and they went to another city
where they all live together
constantly swapping sombreros.

They were worthy subjects,
politically thoughtful,
and every fault I committed
caused them such suffering
that they turned grey and wrinkled,
gave up eating chestnuts,
and an autumnal melancholy
finally left them delirious.

Now I don't know what to be,
forgetful or respectful;
to continue to give them counsel
or reproach them for their madness.
I cannot claim independence.
I am lost in so much foliage—
should I leave, or enter,
travel or linger,
buy cats or tomatoes?

I will try to understand
what I mustn't do, then do it,
and so be able to justify
the ways which might escape me,
for if I don't make mistakes,
who will believe in my errors?

Si continúo siendo sabio
nadie me va a tomar en cuenta.

Pero trataré de cambiar:
voy a saludar con esmero,
voy a cuidar las apariencias
con dedicación y entusiasmo
hasta ser todo lo que quieran
que uno sea y que uno no sea,
hasta no ser sino los otros.

Y entonces si me dejan tranquilo
me voy a cambiar de persona,
voy a discrepar de pellejo,
y cuando ya tenga otra boca,
otros zapatos, otros ojos,
cuando ya sea diferente
y nadie pueda conocerme
seguiré haciendo lo mismo
porque no sé hacer otra cosa.

If I go on being wise,
no one will notice me.

But I will try to change,
offer greetings with great care
and look to appearances
with dedication and zeal
until I am all that they wish,
as one might be and another might not,
till I exist only in others.

And then, if they leave me in peace,
I am going to change completely,
and differ with my skin;
and when I have another mouth,
other shoes, other eyes;
when it is all different,
and no one can recognize me,
since anything else is beyond me,
I shall go on doing the same.

Caballos

Vi desde la ventana los caballos.

Fue en Berlín, en invierno. La luz
era sin luz, sin cielo el cielo.

El aire blanco como un pan mojado.

Y desde mi ventana un solitario circo
mordido por los dientes del invierno.

De pronto, conducidos por un hombre,
diez caballos salieron a la niebla.

Apenas ondularon al salir, como el fuego,
pero para mis ojos ocuparon el mundo
vacío hasta esa hora. Perfectos, encendidos,
eran como diez dioses de largas patas puras,
de crines parecidas al sueño de la sal.

Sus grupas eran mundos y naranjas.

Su color era miel, ámbar, incendio.

Sus cuellos eran torres
cortadas en la piedra del orgullo,
y a los ojos furiosos se asomaba
como una prisionera, la energía.

Y allí en silencio, en medio
del día, del invierno sucio y desordenado,
los caballos intensos eran la sangre.
el ritmo, el incitante tesoro de la vida.

Horses

From the window I saw the horses.

I was in Berlin, in winter. The light
was without light, the sky skyless.

The air white like a moistened loaf.

From my window, I could see a deserted arena,
a circle bitten out by the teeth of winter.

All at once, led out by a single man,
ten horses were stepping, stepping into the snow.

Scarcely had they rippled into existence
like flame, than they filled the whole world of my eyes,
empty till now. Faultless, flaming,
they stepped like ten gods on broad, clean hoofs,
their manes recalling a dream of salt spray.

Their rumps were globes, were oranges.

Their colour was amber and honey, was on fire.

Their necks were towers
carved from the stone of pride,
and in their furious eyes, sheer energy
showed itself, a prisoner inside them.

And there, in the silence, at the mid–
point of the day, in a dirty, disgruntled winter,
the horses' intense presence was blood,
was rhythm, was the beckoning light of all being.

Miré, miré y entonces reviví: sin saberlo
allí estaba la fuente, la danza de oro, el cielo,
el fuego que vivía en la belleza.

He olvidado el invierno de aquel Berlín oscuro.

No olvidaré la luz de los caballos.

I saw, I saw, and seeing, I came to life.
There was the unwitting fountain, the dance of gold, the sky,
the fire that sprang to life in beautiful things.

I have obliterated that gloomy Berlin winter.

I shall not forget the light from these horses.

No me pregunten

Tengo el corazón pesado
con tantas cosas que conozco,
es como si llevara piedras
desmesuradas en un saco,
o la lluvia hubiera caído,
sin descansar, en mi memoria.

No me pregunten por aquello.
No sé de lo que están hablando.

No supe yo lo que pasó.

Los otros tampoco sabían
y así anduve de niebla en niebla
pensando que nada pasaba,
buscando frutas en las calles,
pensamientos en las praderas
y el resultado es el siguiente:
que todos tenían razón
y yo dormía mientras tanto.
Por eso agreguen a mi pecho
no sólo piedras sino sombra,
no sólo sombra sino sangre.

Así son las cosas, muchacho,
y así también no son las cosas,
porque, a pesar de todo, vivo,
y mi salud es excelente,
me crecen el alma y las uñas,
ando por las peluquerías,
voy y vengo de las fronteras,
reclamo y marco posiciones,

Don't ask

My being is so tired
knowing so many things.
It's as if I were lugging in a sack
stones of different sizes,
or as if rain had been falling
restlessly in my memory.

Don't ask me about it.
I know nothing about it.

I had no idea what happened.

Nobody else knew either
and so I went on in a fog,
thinking that nothing had happened,
looking for fruit in the streets
and ideas in the fields.
And this was the result:
everybody is right
and I've been asleep so much.
So let them add to my load
not just stones but shadow,
not just shadow but blood.

That's the way things are, boy,
and also how they are not;
for, in spite of all, I'm alive
and my health is excellent;
my soul and my nails are growing,
I go round the barbershops,
I come and go through frontiers,
I make claims, I take my bearings

pero si quieren saber más
se confunden mis derroteros
y si oyen ladrar la tristeza
cerca de mi casa, es mentira:
el tiempo claro es el amor,
el tiempo perdido es el llanto.

Así, pues, de lo que recuerdo
y de lo que no tengo memoria,
de lo que sé y de lo que supe,
de lo que perdí en el camino
entre tantas cosas perdidas,
de los muertos que no me oyeron
y que tal vez quisieron verme,
mejor no me pregunten nada:
toquen aquí, sobre el chaleco,
y verán cómo me palpita
un saco de piedras oscuras.

but if they wish to know more,
my trails get confused
and if they hear sadnesses howling
close to my house, it's a lie.
Love is clear weather,
weeping is time wasted.

So, of what I remember
and what I don't remember,
of what I know and knew,
of what I lost on the way
among so many things lost,
of the dead who never heard me
and perhaps wanted to see me,
better they ask no questions —
let them put a hand here, on my waistcoat,
and they'll see how I still tremble,
a sack of dark stones.

Aquellos días

Las brumas del Norte y del Sur
me dejaron un poco Oeste
y así pasaron aquellos días.
Navegaban todas las cosas.

Me fui sin duda a titular
de caballero caminante,
me puse todos los sombreros,
conocí muchachas veloces,
comí arena, comí sardinas,
y me casé de cuando en cuando

Pero sin querer presumir
de emperador o marinero
debo confesar que recuerdo
los más amables huracanes,
y que me muero de codicia
al recordar lo que no tengo:
lo rico que fui y que no fui,
el hambre que me mantenía,
y aquellos zapatos intrusos
que no golpeaban a la puerta.

Lo grande de las alegrías
es el doble fondo que tienen.
Y no se vive sólo de hoy:
el presente es una valija
con un reloj de contrabando,
nuestro corazón es futuro
y nuestro placer es antiguo.

Those days

The mists of the North and South
left me a little westerly
and so those days passed.
Everything was at sea.

I certainly earned the title
of wandering gentleman;
I wore every kind of hat,
I knew racy women;
I ate sand, I ate sardines,
and I married from time to time.

But without claiming to be
emperor or sailor,
I must confess I remember
the most friendly hurricanes,
and confess that I die of envy
remembering what I've lost,
how rich I was and wasn't,
the hunger that kept me going,
and those intruding shoes
which never knocked at the door.

The great thing about joy
is the split self it has.
One doesn't live in today alone —
the present is a handbag
with a contraband watch in it.
Our heart is all future,
our pleasure long over.

Así pues fui de rumbo en rumbo
con calor, con frío y con prisa
y todo lo que no vi
lo estoy recordando hasta ahora,
todas las sombras que nadé,
todo el mar que me recibía:
me anduve pegando en las piedras,
me acostaba con las espinas,
y tuve el honor natural
de los que no son honorables.

No sé por qué cuento estas cosas,
estas tierras, estos minutos,
este humo de aquellas hogueras.
A nadie le importa temblar
con los terremotos ajenos
y en el fondo a nadie le gusta
la juventud de los vecinos.
Por eso no pido perdón.
Estoy en mi sitio de siempre.
Tengo un árbol con tantas hojas
que aunque no me jacto de eterno
me río de ti y del otoño.

And so I shifted from course to course,
in heat, in cold, in a hurry,
and all I didn't see
I still keep remembering —
all the shadows I swam in,
every sea that took me in;
I beat on all the stones,
I lay down among thorns,
and I had the natural honour
of those not born to it.

I don't know why I'm telling these things,
these places, these moments,
the smoke from those bonfires.
Nobody really needs to
tremble at alien earthquakes
and truly nobody cares about
anyone else's youth.
So I'm not asking for pardon.
I'm in my usual place.
I have a tree with so many leaves
that although I don't claim immortality,
I can laugh at you and the autumn.

Muchos somos

De tantos hombres que soy, que somos,
no puedo encontrar a ninguno:
se me pierden bajo la ropa,
se fueron a otra ciudad.

Cuando todo está preparado
para mostrarme inteligente
el tonto que llevo escondido
se toma la palabra en mi boca.

Otras veces me duermo en medio
de la sociedad distinguida
y cuando busco en mí al valiente,
un cobarde que no conozco
corre a tomar con mi esqueleto
mil deliciosas precauciones.

Cuando arde una casa estimada
en vez del bombero que llamo
se precipita el incendiario
y ése soy yo. No tengo arreglo.
Qué debo hacer para escogerme?
Cómo puedo rehabilitarme?

Todos los libros que leo
celebran héroes refulgentes
siempre seguros de sí mismos:
me muero de envidia por ellos,
y en los films de vientos y balas
me quedo envidiando al jinete,
me quedo admirando al caballo.

We are many

Of the many men who I am, who we are,
I can't find a single one;
they disappear among my clothes,
they've left for another city.

When everything seems to be set
to show me off as intelligent,
the fool I always keep hidden
takes over all that I say.

At other times, I'm asleep
among distinguished people,
and when I look for my brave self,
a coward unknown to me
rushes to cover my skeleton
with a thousand fine excuses.

When a decent house catches fire,
instead of the fireman I summon,
an arsonist bursts on the scene,
and that's me. What can I do?
What can I do to distinguish myself?
How can I pull myself together?

All the books I read
are full of dazzling heroes,
always sure of themselves.
I die with envy of them;
and in films full of wind and bullets,
I goggle at the cowboys,
I even admire the horses.

Pero cuando pido al intrépido
me sale el viejo perezoso,
y así yo no sé quién soy,
no sé cuántos soy o seremos.
Me gustaría tocar un timbre
y sacar el mí verdadero
porque si yo me necesito
no debo desaparecerme.

Mientras escribo estoy ausente
y cuando vuelvo ya he partido:
voy a ver si a las otras gentes
les pasa lo que a mí me pasa,
si son tantos como soy yo,
si se parecen a sí mismos
y cuando lo haya averiguado
voy a aprender tan bien las cosas
que para explicar mis problemas
les hablaré de geografía.

But when I call for a hero,
out comes my lazy old self;
so I never know who I am,
nor how many I am or will be.
I'd love to be able to touch a bell
and summon the real me,
because if I really need myself,
I mustn't disappear.

While I am writing, I'm far away;
and when I come back, I've gone.
I would like to know if others
go through the same things that I do,
have as many selves as I have,
and see themselves similarly;
and when I've exhausted this problem,
I'm going to study so hard
that when I explain myself,
I'll be talking geography.

Al pie desde su niño

El pie del niño aún no sabe que es pie,
y quiere ser mariposa o manzana.

Pero luego los vidrios y las piedras,
las calles, las escaleras,
y los caminos de la tierra dura
van enseñando al pie que no puede volar,
que no puede ser fruto redondo en una rama.
El pie del niño entonces
fue derrotado, cayó
en la batalla,
fue prisionero,
condenado a vivir en un zapato.

Poco a poco sin luz
fue conociendo el mundo a su manera,
sin conocer el otro pie, encerrado,
explorando la vida como un ciego.

Aquellas suaves uñas
de cuarzo, de racimo,
se endurecieron, se mudaron
en opaca substancia, en cuerno duro,
y los pequeños pétalos del niño
se aplastaron, se desequilibraron,
tomaron formas de reptil sin ojos,
cabezas triangulares de gusano.
Y luego encallecieron,
se cubrieron
con mínimos volcanes de la muerte,
inaceptables endurecimientos.

To the foot from its child

The child's foot is not yet aware it's a foot,
and would like to be a butterfly or an apple.

But in time, stones and bits of glass,
streets, ladders,
and the paths in the rough earth
go on teaching the foot that it cannot fly,
cannot be a fruit bulging on the branch.
Then, the child's foot
is defeated, falls
in the battle,
is a prisoner
condemned to live in a shoe.

Bit by bit, in that dark,
it grows to know the world in its own way,
out of touch with its fellow, enclosed,
feeling out life like a blind man.

These soft nails
of quartz, bunched together,
grow hard, and change themselves
into opaque substance, hard as horn,
and the tiny, petalled toes of the child
grow bunched and out of trim,
take on the form of eyeless reptiles
with triangular heads, like worms.
Later, they grow calloused
and are covered
with the faint volcanoes of death,
a coarsening hard to accept.

Pero este ciego anduvo
sin tregua, sin parar
hora tras hora,
el pie y el otro pie,
ahora de hombre
o de mujer,
arriba,
abajo,
por los campos, las minas,
los almacenes y los ministerios,
atrás,
afuera, adentro,
adelante,
este pie trabajó con su zapato,
apenas tuvo tiempo
de estar desnudo en el amor o el sueño,
caminó, caminaron
hasta que el hombre entero se detuvo.

Y entonces a la tierra
bajó y no supo nada,
porque allí todo y todo estaba oscuro,
no supo que había dejado de ser pie,
si lo enterraban para que volara
o para que pudiera
ser manzana.

But this blind thing walks
without respite, never stopping
for hour after hour,
the one foot, the other,
now the man's,
now the woman's,
up above,
down below,
through fields, mines,
markets and ministries,
backwards,
far afield, inward,
forward,
this foot toils in its shoe,
scarcely taking time
to bare itself in love or sleep;
it walks, they walk,
until the whole man chooses to stop.

And then it descended
underground, unaware,
for there, everything, everything was dark.
It never knew it had ceased to be a foot
or if they were burying it so that it could fly
or so that it could become
an apple.

Aquí vivimos

Yo soy ue los que viven
a medio mar y cerca del crepúsculo,
más allá de esas piedras.

Cuando yo vine
y vi lo que pasaba
me decidí de pronto.

El día ya se había repartido,
ya era todo de luz
y el mar peleaba
como un león de sal,
con muchas manos.

La soledad abierta allí cantaba,
y yo, perdido y puro,
mirando hacia el silencio
abrí la boca, dije:
'Oh madre de la espuma,
soledad espaciosa,
fundaré aquí mi propio regocijo,
mi singular lamento.'

Desde entonces jamás
me defraudó una ola,
siempre encontré sabor central de cielo
en el agua, en la tierra,
y la leña y el mar ardieron juntos
durante los solitarios inviernos.

Gracias doy a la tierra
por haberme

This is where we live

I am one of those who live
in the middle of the sea and close to the twilight,
a little beyond those stones.

When I came
and saw what was happening
I decided on the spot.

The day had spread itself
and everything was light
and the sea was beating
like a salty lion,
many-handed.

All that deserted space was singing
and I, lost and awed,
looking toward the silence,
opened my mouth and said:
'Mother of the foam,
expansive solitude,
here I will begin my own rejoicing,
my particular poetry.'

From then on I was never
let down by a single wave.
I always found the flavour of the sky
in the water, in the earth,
and the wood and the sea burned together
through the lonely winters.

I am grateful to the earth
for having waited

esperado
a la hora en que el cielo y el océano
se unen como dos labios,
porque no es poco, no es así? haber vivido
en una soledad y haber llegado a otra,
sentirse multitud y revivirse solo.

Amo todas las cosas,
y entre todos los fuegos
sólo el amor no gasta,
por eso voy de vida en vida,
de guitarra en guitarra,
y no le tengo miedo
a la luz ni a la sombra,
y porque casi soy de tierra pura
tengo cucharas para el infinito.

Así, pues, nadie puede equivocarse,
no hallar mi casa sin puertas ni número,
allí entre las piedras oscuras
frente al destello
de la sal violenta,
allí vivimos mi mujer y yo,
allí nos quedaremos.
Auxilio, auxilio! Ayuden!
Ayúdennos a ser más tierra cada día!
Ayúdennos a ser
más espuma sagrada, más aire de la ola!

for me
when sky and sea came together
like two lips touching;
for that's no small thing, no? —
to have lived
through one solitude to arrive at another,
to feel oneself many things and recover wholeness.

I love all the things there are,
and of all fires
love is the only inexhaustible one;
and that's why I go from life to life,
from guitar to guitar,
and I have no fear
of light or of shade,
and almost being earth myself,
I spoon away at infinity.

So no one can ever fail
to find my doorless numberless house—
there between dark stones,
facing the flash
of the violent salt,
there we live, my woman and I,
there we take root.
Grant us help then.
Help us to be more of the earth each day!
Help us to be
more the sacred foam,
more the swish of the wave!

Escapatoria

Casi pensé durmiendo,
casi soñé en el polvo,
en la lluvia del sueño.
Sentí los dientes viejos
al dormirme, tal vez
poco a poco me voy
transformando en caballo.

Sentí el olor del pasto
duro, de cordilleras,
y galopé hacia el agua,
hacia las cuatro puntas
tempestuosas del viento.

Es bueno ser caballo
suelto en la luz de junio
cerca de Selva Negra
donde corren los ríos
socavando espesura:
el aire peina allí
las alas del caballo
y circula en la sangre
la lengua del follaje.

Galopé aquella noche
sin fin, sin patria, solo,
pisando barro y trigo,
sueños y manantiales.
Dejé atrás como siglos
los bosques arrugados,
los árboles que hablaban,
las capitales verdes,
las familias del suelo.

Getaway

I almost thought in my sleep.
I almost dreamed in the dust,
in the falling rain of the dream.
I felt I had old teeth
as I fell asleep; perhaps
little by little I'm changing,
changing into a horse.

I caught the smell of the rough
grass, of the mountain ranges,
and I galloped toward water,
toward the four stormy
stations of the wind.

Good to be a horse
loose in the June light
close to Selva Negra
where the rivers run
tunnelling under the turf—
the air there runs a comb
along a horse's flanks
and the language of leaves
moves in the blood.

I galloped that night
without end or country, alone,
coursing through mud and wheat,
dreams and spring water.
I left behind like centuries
the corrugated forests,
the conversations of trees,
the greening capitals,
the families of the soil.

Volví de mis regiones,
regresé a no soñar
por las calles, a ser
este viajero gris
de las peluquerías,
este yo con zapatos,
con hambre, con anteojos,
que no sabe de dónde
volvió, que se ha perdido,
que se levanta sin
pradera en la mañana,
que se acuesta sin ojos
para soñar sin lluvia.

Apenas se descuiden
me voy para Renaico.

I went back to my own region,
went back to not dreaming
on the street, to being
this greyish traveller
in the world of barbershops,
this me wearing shoes,
with hunger and spectacles,
who doesn't know where
he came from, who is lost,
who gets up in the morning
missing the meadow grass,
who goes to bed sightless
to dream without rain.

The minute they're not looking,
I leave for Renaico.

La desdichada

La dejé en la puerta esperando
y me fui para no volver.

No supo que no volvería.

Pasó un perro, pasó una monja,
pasó una semana y un año.

Las lluvias borraron mis pasos
y creció el pasto en la calle,
y uno tras otro como piedras,
como lentas piedras, los años
cayeron sobre su cabeza.

Entonces la guerra llegó,
llegó como un volcán sangriento.
Murieron los niños, las casas.

Y aquella mujer no moría.

Se incendió toda la pradera.
Los dulces dioses amarillos
que hace mil años meditaban
salieron del templo en pedazos.
No pudieron seguir soñando.

Las casas frescas y el *verandah*
en que dormí sobre una hamaca,
las plantas rosadas, las hojas
con formas de manos gigantes,
las chimeneas, las marimbas,
todo fue molido y quemado.

The unhappy one

I left her in the doorway waiting
and I went away, away.

She didn't know I would not come back.

A dog passed, a nun passed,
a week and a year passed.

The rains washed out my footprints
and the grass grew in the street,
and one after another, like stones,
like gradual stones, the years
came down on her head.

Then the war came
like a volcano of blood.
Children and houses died.

And that woman didn't die.

The whole plain caught fire.
The gentle yellow gods
who for a thousand years
had gone on meditating
were cast from the temple in pieces.
They could not go on dreaming.

The sweet houses, the veranda
where I slept in a hammock,
the rosy plants, the leaves
in the shape of huge hands,
the chimneys, the marimbas,
all were crushed and burned.

En donde estuvo la ciudad
quedaron cosas cenicientas,
hierros torcidos, infernales
cabelleras de estatuas muertas
y una negra mancha de sangre.

Y aquella mujer esperando.

And where the city had been
only cinders were left,
twisted iron, grotesque
heads of dead statues
and a black stain of blood.

And that woman waiting.

Pastoral

Voy copiando montañas, ríos, nubes,
saco mi pluma del bolsillo, anoto
un pájaro que sube
o una araña en su fábrica de seda,
no se me ocurre nada más: soy aire,
aire abierto, donde circula el trigo
y me conmueve un vuelo, la insegura
dirección de una hoja, el redondo
ojo de un pez inmóvil en el lago,
las estatuas que vuelan en las nubes,
las multiplicaciones de la lluvia.

No se me ocurre más que el transparente
estío, no canto más que el viento,
y así pasa la historia con su carro
recogiendo mortajas y medallas,
y pasa, y yo no siento sino ríos,
me quedo solo con la primavera.

Pastor, pastor, no sabes
que te esperan?

Lo sé, lo sé, pero aquí junto al agua,
mientras crepitan y arden las cigarras
aunque me esperen yo quiero esperarme,
yo también quiero verme,
quiero saber al fin cómo me siento,
y cuando llegue donde yo me espero
voy a dormirme muerto de la risa.

Pastoral

I copy out mountains, rivers, clouds.
I take my pen from my pocket. I note down
a bird in its rising
or a spider in its little silkworks.
Nothing else crosses my mind. I am air,
clear air, where the wheat is waving,
where a bird's flight moves me, the uncertain
fall of a leaf, the globular
eye of a fish unmoving in the lake,
the statues sailing in the clouds,
the intricate variations of the rain.

Nothing else crosses my mind except
the transparency of summer. I sing only of the wind,
and history passes in its carriage,
collecting its shrouds and medals,
and passes, and all I feel is rivers.
I stay alone with the spring.

Shepherd, shepherd, don't you know
they are all waiting for you?

I know, I know, but here beside the water
while the locusts chitter and sparkle,
although they are waiting, I want to wait for myself.
I too want to watch myself.
I want to discover at last my own feelings.
And when I reach the place where I am waiting,
I expect to fall asleep, dying of laughter.

Sobre mi mala educación

Cuál es el cuál, cuál es el cómo?
Quién sabe cómo conducirse?

Qué naturales son los peces!
Nunca parecen inoportunos.
Están en el mar invitados
y se visten correctamente
sin una escama de menos,
condecorados por el agua.

Yo todos los días pongo
no sólo los pies en el plato,
sino los codos, los riñones,
la lira, el alma, la escopeta.

No sé qué hacer con las manos
y he pensado venir sin ellas,
pero dónde pongo el anillo?
Qué pavorosa incertidumbre!

Y luego no conozco a nadie.
No recuerdo sus apellidos.

—Me parece conocer a Ud.
—No es Ud. un contrabandista?
—Y Ud., señora, no es la amante
del alcohólico poeta
que se paseaba sin cesar,
sin rumbo fijo por las cornisas?
—Voló porque tenía alas.
—Y Ud. continúa terrestre.
—Me gustaría haberla entregado

On my bad education

Which is which, which is how?
Who knows how to behave?

How natural fish seem!
They never appear to be out of order.
In the sea, they look like guests,
and always dress correctly,
never a scale too few,
bemedalled by the water.

But I—every day I put
not only my feet on my plate
but my elbows too, and my kidneys,
my lyre, my soul and my shotgun.

I don't know what to do with my hands,
and have thought of coming without them,
but where do I put my ring?
What feeble uncertainty!

And ultimately, I know no one.
I don't remember names.

—You seem familiar to me.
—Are you not a smuggler?
—And you, Madam, aren't you the lover
of the alcoholic poet
who walked and walked endlessly,
aimlessly over the rooftops?
—He flew because he had wings.
—And you go on being earthbound.
—I should like to have delivered her

como india viuda a un gran brasero,
no podríamos quemarla ahora?
Resultaría palpitante!

Otra vez en una Embajada
me enamoré de una morena,
no quiso desnudarse allí,
y yo se lo increpé con dureza:
estás loca, estatua silvestre,
cómo puedes andar vestida?

Me desterraron duramente
de ésa y de otras reuniones,
si por error me aproximaba
cerraban ventanas y puertas.

Anduve entonces con gitanos
y con prestidigitadores,
con marineros sin buque,
con pescadores sin pescado,
pero todos tenían reglas,
inconcebibles protocolos
y mi educación lamentable
me trajo malas consecuencias.

Por eso no voy y no vengo,
no me visto ni ando desnudo,
eché al pozo los tenedores,
las cucharas y los cuchillos.
Sólo me sonrío a mí solo,
no hago preguntas indiscretas
y cuando vienen a buscarme,
con gran honor, a los banquetes,
mando mi ropa, mis zapatos,
mi camisa con mi sombrero,
pero aun así no se contentan:
iba sin corbata mi traje.

like an Indian widow to a great furnace.
Could we not burn her now?
It would be breathtaking!

Another time, in an Embassy,
I fell in love with a brunette.
She would not undress there
and I was rough on her —
are you mad, my wild statue,
how can you move in your clothes?

They banished me brutally
from that and from other gatherings,
and if by mistake I approached,
they closed windows and doors.

I went then with gypsies
and with magicians,
sailors without ships,
fishermen with no fish,
but all of them had their rules,
unyielding protocol,
and my wretched education
brought me to a bad end.

So I neither go nor come
neither dress nor walk naked.
In the well, I dropped the forks,
the spoons and the knives.
I smile only at myself,
never ask indiscreet questions,
and when they come to bring me
to banquets, with great pomp,
I send my clothes — my shoes,
my shirt and my hat —
but even that does not please them;
my suit forgot its tie.

Así, para salir de dudas
me decidí a una vida honrada
de la más activa pereza,
purifiqué mis intenciones,
salí a comer conmigo solo
y así me fui quedando mudo.
A veces me saqué a bailar,
pero sin gran entusiasmo,
y me acuesto solo, sin ganas,
por no equivocarme de cuarto.

Adiós, porque vengo llegando.

Buenos días, me voy de prisa.

Cuando quieran verme ya saben:
búsquenme donde no estoy
y si les sobra tiempo y boca
pueden hablar con mi retrato.

So, to be free of doubts,
I settled for an honourable life,
as actively lazy as possible.
I purified my intentions,
went out to dine alone with myself,
and so I left, keeping my silence.
Sometimes I asked myself to dance
but without much enthusiasm,
and I bedded alone, not wanting to,
so as not to mistake my room.

Goodbye, because here I am arriving.

Good morning, I'm off in a hurry.

When they wish to see me, now they know—
they must look for me where I am not,
and if they have voice and time left over,
they can have a talk with my portrait.

Olvidado en otoño

Eran las siete y media
del otoño
y yo esperaba
no importa a quién.
El tiempo,
cansado de estar allí conmigo,
poco a poco se fue
y me dejó solo.

Me quedé con la arena
del día, con el agua,
sedimentos
de una semana triste, asesinada.

—Qué pasa?—me dijeron
las hojas de Paris—, a quién esperas?

Y así fui varias veces humillado
primero por la luz que se marchaba,
luego por perros, gatos y gendarmes.

Me quedé solo
como un caballo solo
cuando en el pasto no hay noche ni día,
sino sal del invierno.

Me quedé
tan sin nadie, tan vacío
que lloraban las hojas,
las últimas, y luego
caían como lágrimas.

Forgotten in autumn

It was half past seven
in autumn
and I was waiting
for someone or other.
Time,
tired of being there with me,
little by little left
and left me alone.

I was left with the sand
of the day, with the water,
wrack
of a sad week, murdered away.

'What's going on?' the leaves
of Paris asked me. 'Who are you waiting for?'

And a few times I was humiliated,
first by the light as it left,
then by dogs, cats and policemen.

I was left alone
like a solitary horse
which knows no night or day in the grass,
only the salt of winter.

I stayed
so alone, so empty
that the leaves were weeping,
the last ones, and later
they fell like tears.

Nunca antes
ni después
me quedé tan de repente solo.
Y fue esperando a quién,
no me recuerdo,
fue tontamente,
pasajeramente,
pero aquello
fue la instantánea soledad,
aquella
que se había perdido en el camino
y que de pronto como propia sombra
desenrolló su infinito estandarte.

Luego me fui de aquella
esquina loca
con los pasos más rápidos que tuve,
fue como si escapara
de la noche
o de una piedra oscura y rodadora.
No es nada lo que cuento
pero eso me pasó cuando esperaba
a no sé quién un día.

Never before
or after
did I feel so suddenly alone.
It was waiting for someone that did it—
I don't remember,
it was crazily,
fleetingly,
and suddenly just loneliness,
that moment,
the sense of something
lost along the way,
which suddenly like the shadow itself
spread the long flag of its presence.

Later I fled from that
insane corner,
walking as quickly as possible,
as if running away from the night,
from a black and rolling boulder.
What I am telling is nothing,
but it happened to me once while I was waiting
for someone or other.

Las viejas del océano

A grave mar vienen las viejas
con anudados pañolones,
con frágiles pies quebradizos.

Se sientan solas en la orilla
sin cambiar de ojos ni de manos,
sin cambiar de nube o silencio.

El mar obsceno rompe y rasga,
desciende montes de trompetas,
sacude sus barbas de toro.

Las suaves señoras sentadas
como en un barco transparente
miran las olas terroristas.

Dónde irán y dónde estuvieron?
Vienen de todos los rincones,
vienen de nuestra propia vida.

Ahora tienen el océano,
el frío y ardiente vacío,
la soledad llena de llamas.

Vienen de todos los pasados,
de casas que fueron fragantes,
de crepúsculos quemados.

Miran o no miran el mar,
con el bastón escriben signos,
y borra el mar su caligrafía.

The old women of the shore

To the grave sea come the old women
with shawls knotted round them,
on frail and brittle feet.

They sit themselves on the shore
without changing eyes or hands,
without changing clouds or silence.

The obscene sea breaks and scrapes,
slides down trumpeting mountains,
shakes out its bulls' beards.

The unruffled women sitting
as though in a glass boat
look at the savaging waves.

Where are they going, where have they been?
they come from every corner,
they come from our own life.

Now they have the ocean,
the cold and burning emptiness,
the solitude full of flames.

They come out of all the past,
from houses which once were fragrant,
from burnt-out twilights.

They watch or don't watch the sea,
they scrawl marks with a stick,
and the sea wipes out their calligraphy.

Las viejas se van levantando
con sus frágiles pies de pájaro,
mientras las olas desbocadas
viajan desnudas en el viento.

The old women rise and go
on their delicate birds' feet,
while the great roistering waves
roll nakedly on in the wind.

Estación inmóvil

Quiero no saber ni soñar.
Quién puede enseñarme a no ser,
a vivir sin seguir viviendo?

Cómo continúa el agua?
Cuál es el cielo de las piedras?

Inmóvil, hasta que detengan
las migraciones su apogeo
y luego vuelen con sus flechas
hacia el archipiélago frío.

Inmóvil, con secreta vida
como una ciudad subterránea
para que resbalen los días
como gotas inabarcables:
nada se gasta ni se muere
hasta nuestra resurrección,
hasta regresar con los pasos
de la primavera enterrada,
de lo que yacía perdido,
inacabablemente inmóvil
y que ahora sube desde no ser
a ser una rama florida.

Still poise

I would like not to know, not to dream.
Who could show me how not to be,
how to live without going on living?

How does water continue?
What heaven do stones have?

Still, at the point where migrating birds
hang in their apogee,
and then fly on in their arrows
to the icy archipelagos.

Still, with a secret life
like a subterranean city,
and the days sliding by
like ever escaping drops;
nothing exhausted or dying
on the way to our rebirth,
to our own return to life
in the steps of the buried spring,
of all that lay deep and lost,
interminably still,
and which now swims up from unbeing
to become a branch in flower.

Pobres muchachos

Cómo cuesta en este planeta
amarnos con tranquilidad:
todo el mundo mira las sábanas,
todos molestan a tu amor.

Y se cuentan cosas terribles
de un hombre y de una mujer
que después de muchos trajines
y muchas consideraciones
hacen algo insustituíble,
se acuestan en una sola cama.

Yo me pregunto si las ranas
se vigilan y se estornudan,
si se susurran en las charcas
contras las ranas ilegales,
contra el placer de los batracios.
Yo me pregunto si los pájaros
tienen pájaros enemigos
y si el toro escucha a los bueyes
antes de verse con la vaca.

Ya los caminos tienen ojos,
los parques tienen policía,
son sigilosos los hoteles,
las ventanas anotan nombres,
se embarcan tropas y cañones
decididos contra el amor,
trabajan incesantemente
las gargantas y las orejas,
y un muchacho con su muchacha
se obligaron a florecer
volando en una bicicleta.

Poor boys

How we pay, on this planet,
to make love to each other in peace!
The whole world has its eye on the sheets.
They are all troubling your loving.

And they tell fearful tales
involving a man and a woman
who, after many wanderings,
and a heap of consideration,
do something perfectly unique —
they lie together in one bed.

I wonder to myself if frogs
spy on each other and sneeze,
if they mutter in the swamps
against delinquent frogs,
against the pleasures of amphibians.
I wonder to myself if birds
have it in for other birds,
if the bull eavesdrops on the oxen
before going off with his cow.

Nowadays the roads have eyes.
The parks contain policemen.
The hotels are furtive.
The windows take down names.
Troops and cannon embark,
mobilized against loving.
Both ears and voices
are ceaselessly at work,
and any boy with his girl
has had to take his pleasure
in flight on a bicycle.

Así salen

Era bueno el hombre, seguro
con el azadón y el arado.
No tuvo tiempo siquiera
para soñar mientras dormía.

Fue sudorosamente pobre.
Valía un solo caballo.

Su hijo es hoy muy orgulloso
y vale varios automóviles.

Habla con boca de ministro,
se pasea muy redondo,
olvidó a su padre campestre
y se descubrió antepasados,
piensa como un diario grueso,
gana de día y de noche:
es importante cuando duerme.

Los hijos del hijo son muchos
y se casaron hace tiempo,
no hacen nada pero devoran,
valen millares de ratones.

Los hijos del hijo del hijo
cómo van a encontrar el mundo?
Serán buenos o serán malos?
Valdrán moscas o valdrán trigo?

Tú no me quieres contestar.

Pero no mueren las preguntas.

Consequences

He was good, the man, sure
as his hoe and his plough.
He didn't even have time
to dream while he slept.

He was poor to the point of sweat.
He was worth a single horse.

His son today is very proud
and is worth a number of cars.

He speaks with a senator's voice,
he walks with an ample step,
has forgotten his peasant father
and discovered ancestors.
He thinks like a fat newspaper,
makes money night and day,
is important even asleep.

The sons of the son are many,
they married some time ago.
They do nothing, but they consume.
They're worth thousands of mice.

The sons of the sons of the son —
what will they make of the world?
Will they turn out good or bad?
Worth flies or worth wheat?

You don't want to answer me.

But the questions do not die.

Balada

Vuelve, me dijo una guitarra
cerca de Rancagua, en otoño.
Todos los álamos tenían
color y temblor de campana:
hacía frío y era redondo
el cielo sobre la tristeza.

Entró a la cantina un borracho
tambaleando bajo las uvas
que le llenaban el sombrero
y le salían por los ojos.
Tenía barro en los zapatos,
había pisado la estatua
del otoño y había aplastado
todas sus manos amarillas.

Yo nunca volví a las praderas.
Pero apenas suenan las horas
claudicantes y deshonradas,
cuando al corazón se le caen
los botones y la sonrisa,
cuando dejan de ser celestes
los numerales del olvido,
aquella guitarra me llama,
y ya ha pasado tanto tiempo
que ya tal vez no exista nada,
ni la pradera ni el otoño,
y yo llegaría de pronto
como un fantasma en el vacío
con el sombrero lleno de uvas
preguntando por la guitarra,

Ballad

Come back, called a guitar to me,
near Rancagua, in autumn.
All the poplars wore
the colour and tingle of bells.
It was cold, and the sky spread
amply over the sadness.

A drunk came into the canteen,
stumbling under his load of grapes,
which filled his hat to the brim
and were spilling out of his eyes.
He had mud on his boots.
He had trampled on the effigy
of autumn, and had flattened
all its yellow fingers.

I never went back to the prairies.
But hardly do the hours ring out,
halting and dishonoured,
than there falls across my heart
the buttons and the smile;
when they have stopped being clear,
the numerals of forgetting,
that guitar still calls me,
and now so much time has passed
that perhaps nothing exists,
neither the prairie nor the autumn;
and I would arrive, of a sudden,
like a ghost in the great void,
with its hat full of grapes,
asking about the guitar;

y como allí no habría nadie
nadie entendería nada
y yo volvería cerrando
aquella puerta que no existe.

and since nobody would be there,
no one would understand anything,
and I would trail back, closing
that door which does not exist.

Laringe

Ahora va de veras dijo
la Muerte y a mí me parece
que me miraba, me miraba.

Esto pasaba en hospitales,
en corredores agobiados
y el médico me averiguaba
con pupilas de periscopio.
Entró su cabeza en mi boca,
me rasguñaba la laringe:
allí tal vez había caído
una semilla de la muerte.

En un principio me hice humo
para que la cenicienta
pasara sin reconocerme.
Me hice el tonto, me hice el delgado,
me hice el sencillo, el transparente:
sólo quería ser ciclista
y correr donde no estuviera.

Luego la ira me invadió
y dije, Muerte, hija de puta,
hasta cuándo nos interrumpes?
No te basta con tantos huesos?
Voy a decirte lo que pienso:
no discriminas, eres sorda
e inaceptablemente estúpida.

Por qué pareces indagarme?
Qué te pasa con mi esqueleto?
Por qué no te llevas al triste,

Larynx

Now this is it, said Death,
and as far as I could see
Death was looking at me, at me.

This all happened in hospital,
in washed out corridors,
and the doctor peered at me
with periscopic eyes.
He stuck his head in my mouth,
scratched away at my larynx —
perhaps a small seed
of death was stuck there.

At first, I turned into smoke
so that the cindery one
would pass and not recognize me.
I played the fool, I grew thin,
pretended to be simple or transparent —
I wanted to be a cyclist
to pedal out of death's range.

Then rage came over me
and I said, 'Death, you bastard,
must you always keep butting in?
Haven't you enough with all those bones?
I'll tell you exactly what I think:
you have no discrimination, you're deaf
and stupid beyond belief.

'Why are you following me?
What do you want with my skeleton?
Why don't you take the miserable one,

al cataléptico, al astuto,
al amargo, al infiel, al duro,
al asesino, a los adúlteros,
al juez prevaricador,
al mentiroso periodista,
a los tiranos de las islas,
a los que incendian las montañas,
a los jefes de policía
con carceleros y ladrones?
Por qué vas a llevarme a mí?
Qué tengo que ver con el cielo?
El infierno no me conviene
y me siento bien en la tierra.

Con estas vociferaciones
mentales me sostenía
mientras el doctor intranquilo
se paseaba por mis pulmones:
iba de bronquio en bronquio como
pajarillo de rama en rama:
yo no sentía mi garganta,
mi boca se abría como
el hocico de una armadura
y entraba y salía el doctor
por mi laringe en bicicleta
hasta que adusto, incorregible,
me miró con su telescopio
y me separó de la muerte.

No era lo que se creía.
Esta vez sí no me tocaba.

Si les digo que sufrí mucho,
que quería al fin el misterio,
que Nuestro Señor y Señora
me esperaban en su palmera,
si les digo mi desencanto,

the cataleptic, the smart one,
the bitter, the unfaithful, the ruthless,
the murderer, the adulterers,
the two-faced judge,
the deceiving journalist,
tyrants from islands,
those who set fire to mountains,
the chiefs of police,
jailers and burglars?
Why do you have to take me?
What business have I with Heaven?
Hell doesn't suit me —
I feel fine on the earth.'

With such internal mutterings
I kept myself going
while the restless doctor
went tramping through my lungs,
from bronchea to bronchea
like a bird from branch to branch.
I couldn't feel my throat;
my mouth was open like
the jaws of a suit of armour,
and the doctor ran up and down
my larynx on his bicycle,
till, serious and certain,
he looked at me through his telescope
and pried me loose from death.

It wasn't what they had thought.
It wasn't my turn.

If I tell you I suffered a lot,
and really loved the mystery,
that Our Lord and Our Lady
were waiting for me in their oasis,
if I talk of disenchantment,

y que la angustia me devora
de no tener muerte cercana,
si digo como la gallina
que muero porque no muero
denme un puntapié en el culo
como castigo a un mentiroso.

and being eaten up by distress
at not being close to dying,
if I say like a stupid chicken
that I die by not dying,
give me a boot in the butt,
fit punishment for a liar.

Galopando en el Sur

A caballo cuarenta leguas:
las cordilleras de Malleco,
el campo está recién lavado,
el aire es eléctrico y verde.
Regiones de rocas y trigo,
un ave súbita se quiebra,
el agua resbala y escribe
cifras perdidas en la tierra.

Llueve, llueve con lenta lluvia,
llueve con agujas eternas
y el caballo que galopaba
se fue disolviendo en la lluvia:
luego se reconstruyó
con las gotas sepultureras
y voy galopando en el viento
sobre el caballo de la lluvia.

Sobre el caballo de la lluvia
voy dejando atrás las regiones,
la gran soledad mojada,
las cordilleras de Malleco.

Galloping in the South

Forty leagues on horseback,
the ranges of Malleco;
the fields are newly washed,
the air electric and green.
Regions of rocks and wheat,
a sudden bird breaks out,
the water slithers and scrawls
lost letters in the earth.

It rains, rains a slow rain,
it rains perpetual needles
and the horse which was galloping
dissolved into rain:
later, it took shape
with the grave-digging drops,
and I gallop on in the wind
astride the horse of the rain.

Astride the horse of the rain
I leave behind these regions,
the vast, damp solitude,
the ranges of Malleco.

Sonata con algunos pinos

Al semisol de largos días
arrimemos los huesos cansados

olvidemos a los infieles
a los amigos sin piedad

el sol vacila entre los pinos
olvidemos a los que no saben

hay tierras dentro de la tierra
pequeñas patrias descuidadas

no recordemos a los felices
olvidemos sus dentaduras

que se duerman los delicados
en sus divanes extrapuros

hay que conocer ciertas piedras
llenas de rayos y secretos

amanecer con luz verde
con trenes desesperados

y tocar ese fin de mundo
que siempre viajó con nosotros

olvidemos al ofendido
que come una sola injusticia

los árboles dejan arriba
un semicielo entrecruzado

Sonata with some pine trees

In the half-sun of long days
let us draw our tired bones together

let us forget the unfaithful ones
the unfeeling friends

the sun wavers among the pine trees
let us forget those who are unaware

there are lands within the land
small uncared-for countries

let us not think of the happy ones
let us forget their false teeth

let the sensitive ones sleep
on their fine feather beds

you have to know particular stones
full of layers and secrets

to rise with the greening light
with the despair of trains

and touch that crust of the world
which always travelled with us

let us forget the one who is hurt
who feeds on a single setback

the trees above leave open
a half-circle criss-crossed

por alambres de pino y sombra
por el aire que se deshoja

olvidemos sin arrogancia
a los que no pueden querernos

a los que buscan fuego y caen
como nosotros al olvido

no hay nada mejor que las ocho
de la mañana en la espuma

se acerca un perro y huele el mar
no tiene confianza en el agua

mientras tanto llegan las olas
vestidas de blanco a la escuela

hay un sabor de sol salado
y sube en las algas mortuorias
olor a parto y pudridero

cuál es la razón de no ser?
a dónde te llevaron los otros?

es bueno cambiar de camisa
de piel de pelos de trabajo

conocer un poco la tierra
dar a tu mujer nuevos besos

pertenecer al aire puro
desdeñar las oligarquías

cuando me fui de bruma en bruma
navegando con mi sombrero

with wires of pine and shadow
with the air shedding its leaves

let us forget with generosity
those who cannot love us

those who look for fire and fall
like us into oblivion

there is nothing better than
early morning at the sea-foam

a dog approaches and smells the sea
suspicious of the water

all the time the waves keep arriving
dressed in white for school

there is a tang of sun and salt
and from the mortuary of the seaweed
rises the smell of birth and decay

what justifies not being?
where did other people take you?

it is good to have a change of clothes
of skin of hair of work

to get to know the earth a little
to give your woman new kisses

to be a part of clear air
to disdain all oligarchies

when I went from fog to fog
navigating by my hat

no encontré a nadie con caminos
todos estaban preocupados

todos iban a vender cosas
nadie me preguntó quién era

hasta que fui reconociéndome
hasta que toqué una sonrisa

al semicielo y la enramada
acudamos con el cansancio

conversemos con las raíces
y con las olas descontentas

olvidemos la rapidez
los dientes de los eficaces

olvidemos la tenebrosa
miscelánea de los malignos

hagamos profesión terrestre
toquemos tierra con el alma.

I never found anyone with directions
they were all preoccupied

they were all off to sell things
nobody asked me who I was

till I got to recognizing myself
till I set off a smile

in the half sky and the warp of branches
let us make peace with our tiredness

let us have talk with roots
and with disenchanted waves

let us forget about hurry
the teeth of the efficient

let us forget the shadowy
miscellany of those who wish us ill

let us make a profession of being earth-bound
let us touch the earth with our beings.

Amor

Tantos días, ay tantos días
viéndote tan firme y tan cerca,
cómo lo pago, con qué pago?

La primavera sanguinaria
de los bosques se despertó,
salen los zorros de sus cuevas,
las serpientes beben rocío,
y yo voy contigo en las hojas,
entre los pinos y el silencio,
y me pregunto si esta dicha
debo pagarla cómo y cuándo.

De todas las cosas que he visto
a ti quiero seguirte viendo,
de todo lo que he tocado,
sólo tu piel quiero ir tocando:
amo tu risa de naranja,
me gustas cuando estás dormida.

Qué voy a hacerle, amor, amada,
no sé cómo quieren los otros,
no sé cómo se amaron antes,
yo vivo viéndote y amándote,
naturalmente enamorado.

Me gustas cada tarde más.

Dónde estará? voy preguntando
si tus ojos desaparecen.
Cuánto tarda! pienso y me ofendo.
Me siento pobre, tonto y triste,

Love

So many days, oh so many days
seeing you so tangible and so close,
how do I pay, with what do I pay?

The bloodthirsty spring
has awakened in the woods.
The foxes start from their earths,
the serpents drink the dew,
and I go with you in the leaves
between the pines and the silence,
asking myself how and when
I will have to pay for my luck.

Of everything I have seen,
it's you I want to go on seeing;
of everything I've touched,
it's your flesh I want to go on touching.
I love your orange laughter.
I am moved by the sight of you sleeping.

What am I to do, love, loved one?
I don't know how others love
or how people loved in the past.
I live, watching you, loving you.
Being in love is my nature.

You please me more each afternoon.

Where is she? I keep on asking
if your eyes disappear.
How long she's taking! I think, and I'm hurt.
I feel poor, foolish and sad,

y llegas y eres una ráfaga
que vuela desde los duraznos.

Por eso te amo y no por eso,
por tantas cosas y tan pocas,
y así debe ser el amor
entrecerrado y general,
particular y pavoroso,
embanderado y enlutado,
florido como las estrellas
y sin medida como un beso.

and you arrive and you are lightning
glancing off the peach trees.

That's why I love you and yet not why.
There are so many reasons, and yet so few,
for love has to be so,
involving and general,
particular and terrifying,
honoured and yet in mourning,
flowering like the stars,
and measureless as a kiss.

Sueño de gatos

Qué bonito duerme un gato,
duerme con patas y peso,
duerme con sus crueles uñas,
y con su sangre sanguinaria,
duerme con todos los anillos
que como círculos quemados
construyeron la geología
de una cola color de arena.

Quisiera dormir como un gato
con todos los pelos del tiempo,
con la lengua del pedernal,
con el sexo seco del fuego
y después de no hablar con nadie,
tenderme sobre todo el mundo,
sobre las tejas y la tierra
intensamente dirigido
a cazar las ratas del sueño.

He visto cómo ondulaba,
durmiendo, el gato: corría
la noche en él como agua oscura,
y a veces se iba a caer,
se iba tal vez a despeñar
en los desnudos ventisqueros,
tal vez creció tanto durmiendo
como un bisabuelo de tigre
y saltaría en las tinieblas
tejados, nubes y volcanes.

Duerme, duerme, gato nocturno
con tus ceremonias de obispo,

Cat's dream

How neatly a cat sleeps,
sleeps with its paws and its posture,
sleeps with its wicked claws,
and with its unfeeling blood,
sleeps with all the rings —
a series of burnt circles —
which have formed the odd geology
of its sand-coloured tail.

I should like to sleep like a cat,
with all the fur of time,
with a tongue rough as flint,
with the dry sex of fire;
and after speaking to no one,
stretch myself over the world,
over roofs and landscapes,
with a passionate desire
to hunt the rats in my dreams.

I have seen how the cat asleep
would undulate, how the night
flowed through it like dark water;
and at times, it was going to fall
or possibly plunge into
the bare deserted snowdrifts.
Sometimes it grew so much in sleep
like a tiger's great-grandfather,
and would leap in the darkness over
rooftops, clouds and volcanoes.

Sleep, sleep, cat of the night,
with episcopal ceremony

y tu bigote de piedra:
ordena todos nuestros sueños,
dirige la oscuridad
de nuestras dormidas proezas
con tu corazón sanguinario
y el largo cuello de tu cola.

and your stone-carved moustache.
Take care of all our dreams;
control the obscurity
of our slumbering prowess
with your relentless heart
and the great ruff of your tail.

Recuerdos y semanas

Como es redondo el mundo
las noches se desploman
y caen hacia abajo.
Y todas se acumulan
y son sólo tinieblas,
abajo, abajo, abajo.

I

Seguí un día cualquiera,
quise saber qué se hacen,
dónde van, dónde mueren.

Por el mar, por las islas,
por ácidas praderas
se perdió, y yo seguía,
escondido detrás
de un árbol o una piedra.

Fue azul, fue anaranjado,
corrió como una rueda,
bajó en la tarde como
bandera de navío,
y más allá en los límites
del silencio y la nieve
se enrolló crepitando
como un hilo de fuego
y se apagó cubierto
por la fría blancura.

Memories and weeks

How ample is the world!
The nights overbalance
and tumble downward.
And all of them build up
and are nothing but darknesses:
below below below.

I

One day, I followed an odd one.
I wanted to know what they do,
where they go, where they die.

At sea, on the islands,
in the bitter prairies,
it lost itself and I followed,
hidden behind
a tree or a stone.

It was blue, it was orange-tinted,
it ran like a wheel;
it came down in the after-
noon like a ship's pennant,
and, further, at the limits
of silence and snow,
it crept, sputtering
like a thread of fire,
and went out, muffled
by the freezing whiteness.

II

Las semanas se enrollan,
se hacen nubes, se pierden,
se esconden en el cielo,
allí depositadas
como luz desteñida.

Es largo el tiempo, Pedro,
es corto el tiempo, Rosa;
y las semanas, justas,
en su papel, gastadas,
se hacinan como granos,
dejan de palpitar.

Hasta que un día el viento
rumoroso, ignorante,
las abre, las extiende,
las golpea y ahora
suben como banderas
derrotadas que vuelven
a la patria perdida.

Así son los recuerdos.

II

The weeks creep past,
form clouds, lose themselves,
conceal themselves in the sky,
come to rest there
like light faded.

Time is long, Pedro,
time is short, Rosa;
and the weeks, exact
in their roles, exhausted,
pile up like berries,
stop palpitating.

Till one day, the wind,
rumorous, unaware,
opens them, stretches them,
beats them, and now
they mount like tattered
flags which return
to the lost homeland.

That is how memories are.

Por fin se fueron

Todos golpeaban a la puerta
y se llevaban algo mío,
eran gente desconocida
que yo conocía muchísimo,
eran amigos enemigos
que esperaban desconocerme.

Qué podía hacer sin herirlos?

Abrí cajones, llené platos,
destapé versos y botellas:
ellos masticaban con furia
en un comedor descubierto.

Registraban con gran cuidado
los rincones buscando cosas,
yo los encontré durmiendo
varios meses entre mis libros,
mandaban a la cocinera,
caminaban en mis asuntos.

Pero cuando me atormentaron
las brasas de un amor misterioso,
cuando por amor y piedad
padecí dormido y despierto,
la caravana se rompió,
se mudaron con sus camellos.

Se juntaron a maldecirme.
Estos pintorescamente puros
se solazaron, reunidos,
buscando medios con afán

At last they have gone

They all knocked at my door
and carried off something of mine.
They were people who were strangers
but whom I knew very well.
They were friend-enemies
who were waiting to do me in.

What could I do without hurting them?

I opened drawers, I filled plates,
I uncorked verses and bottles.
They chewed away furiously
in a wide-open dining-room.

They pried with extra care
in the cubby-holes, looking for things.
I found them fast asleep,
at odd months, among my books.
They gave orders to the cook;
they prowled through my affairs.

But when I was tormented by
the live coals of a mysterious love;
when, through love and true feeling,
I suffered, both sleeping and awake,
the caravan of friends broke up.
They moved off with their camels.

They got together to abuse me.
Those caricatures of virtue
amused themselves, in company,
by zealously looking for ways

para matarme de algún modo:
el puñal propuso una dama,
el cañón prefirió un valiente,
pero con nocturno entusiasmo
se decidieron por la lengua.

Con intensidad trabajaron,
con ojos, con boca y con manos.
Quién era yo, quién era ella?
Con qué derecho y cuándo y cómo?
Con castos ojos revelaban
interioridades supuestas
y decidían protegerme
contra una incesante vampira.
Adelgazaron gravemente.
Exiliados de mi conciencia
se alimentaban con suspiros.

Pasó el tiempo y no estuve solo.

Como siempre en estas historias
mata el amor al enemigo.

Ahora no sé quiénes son:
desapareciendo un minuto
se borraron de mis recuerdos:
son como incómodos zapatos
que al fin me dejaron tranquilo.

Yo estoy con la miel del amor
en la dulzura vespertina.
Se los llevó la sombra a ellos,
malos amigos enemigos,
conocidos desconocidos
que no volverán a mi casa.

of doing me in, somehow:
one woman proposed the dagger,
a braver preferred guns,
but with nightly enthusiasm
their tongues decided it.

They worked with intensity,
with eyes, mouths and hands.
Who was I, who was she?
With what right, and when, and how?
With chaste eyes, they would reveal
family secrets, supposedly,
and would decide to protect me
against a relentless vampire.
They would split hairs so gravely.
In exile from my feelings,
they stuffed themselves on sighs.

The time passed and I was not alone.

As always, in these fairy tales,
love conquers the enemy.

Now I don't know who they are,
disappearing in a moment,
they scratched themselves from my memory.
They are like uncomfortable shoes
which finally left me in peace.

Here I am with the honey of love
in the sweetness of evening.
The shadows carried them off,
wretched friend-enemies,
well-known strangers
who will not return to my house.

Itinerarios

En tantas ciudades estuve
que ya la memoria me falta
y no sé ni cómo ni cuándo.

Aquellos perros de Calcuta
que ondulaban y que sonaban
todo el día como campanas,
y en Durango, qué anduve haciendo?

Para qué me casé en Batavia?

Fui caballero sin castillo,
improcedente pasajero,
persona sin ropa y sin oro,
idiota puro y errante.

Qué anduve buscando en Toledo,
en esa pútrida huesera
que tiene sólo cascarones
con fantasmas de medio pelo?

Por qué viví en Rangoon de Birmania,
la capital excrementicia
de mis navegantes dolores?

Y que me digan los que saben
qué se me perdió en Veracruz,
por qué estuve cincuenta veces
refregándome y maldiciendo
en esa tutelar estufa
de borrachos y de jazmines.

Itineraries

I was in so many cities
that now memory fails me,
and I don't know how or when.

Those dogs in Calcutta
which squirmed and barked
all day long like bells —
and in Durango, what was I doing?

Why did I marry in Batavia?

I was a knight without a castle,
an unlikely passenger,
a person without clothes, without money,
a pure and wandering idiot.

What did I go looking for in Toledo,
in that stinking boneyard
which has nothing more than skulls,
with second-rate ghosts?

Why did I live in Rangoon, in Burma,
the excrementary capital
of my wandering sorrows?

And let those who know tell me
what led me astray in Veracruz;
why I was fifty times
upbraiding myself and cursing
in that tutelary steam bath
of drunkards and jasmine?

También estuve en Capri amando
como los sultanes caídos,
mi corazón reconstruyó
sus camas y sus carreteras,
pero, la verdad, por qué allí?
Qué tengo que ver con las islas?

Aquella noche me esperaban
con fuego y velas encendidas,
los pinos susurraban cosas
en su melancólico idioma
y allí reuní mi razón
con mi corazón desbordado.

Recuerdo días de Colombo
excesivamente fragantes,
embriagadoramente rojos.
Se perdieron aquellos días
y en el fondo de mi memoria
llueve la lluvia de Carahue.

Por qué, por qué tantos caminos,
tantas ciudades hostiles?
Qué saqué de tantos mercados?
Cuál es la flor que yo buscaba?
Por qué me moví de mi silla
y me vestí de tempestuoso?

Nadie lo sabe ni lo ignora:
es lo que pasa a todo el mundo:
se mueve la sombra en la tierra
y el alma del hombre es de sombra,
por eso se mueve.

Muchas veces cuando despierto
no sé dónde estoy acostado
y aguzo el oído hasta que llegan

I was also in Capri, loving
along with fallen sultans,
my heart reconstructed
its beds and its roadways,
but, in truth, why there?
What are islands to me?

That night they were waiting for me
with fire and lighted candles;
the pines were whispering things
in their melancholy language,
and there my mind joined
with my overflowing heart.

I remember days in Colombo
particularly fragrant,
intoxicatingly red.
Those days disappeared,
and in the depths of my memory
falls the rain of Carahue.

Why, why so many roads,
so many hostile citadels?
What did I take from so many markets?
Which is the flower I was looking for?
Why did I move from my chair
and pretend to be a wild man?

Nobody knows or doesn't know —
it's what happens to everybody.
The shadow moves on the ground
and the spirit of man is the shadow.
That's why it moves.

Many times when I wake up
I don't know where I am,
and I prick up my ears until I hear

los frescos rumores del día:
voy reconociendo las olas
o el golpe del picapedrero,
los gritos de los desdentados,
el silbido de la corriente,
y si me equivoco de sueños
como una nave equivocada
busco la tierra que amanece
para confirmar mi camino.

De pronto cuando voy andando
sale de pronto de algún sitio
un olor a piedra o a lluvia,
algo infinitamente puro
que sube yo no sé de dónde
y me conversa sin palabras,
y yo reconozco la boca
que no está allí, que sigue hablando.
Busco de dónde es ese aroma,
de qué ciudad, de qué camino,
sé que alguien me está buscando,
alguien perdido en las tinieblas.
Y no sé, si alguien me ha besado,
qué significan esos besos.

Tal vez debo arreglar mis cosas
comenzando por mi cabeza:
voy a numerar con cuadritos
mi cerebro y mi cerebelo
y cuando me salga un recuerdo
diré 'número ciento y tanto'.
Entonces reconoceré
el muro y las enredaderas
y tal vez voy a entretenerme
poniendo nombres al olvido.

murmurings of the new day.
I recognize the waves
or the chip of the stone-cutter,
the cries of the untoothed,
the hissing of the tide,
and if I mistake my dreams,
like a ship gone adrift,
I look for the land dawning
to make sure of my way.

Suddenly, as I am walking,
from somewhere there emerges
the smell of stone or rain,
something so infinitely pure
which comes from somewhere or other,
and talks to me without words;
and I recognize a mouth
which is not there, which goes on talking.
I look for the source of that aura—
from what city, from what journey—
I know that someone is looking for me,
someone lost in the darkness.
And I don't know, if someone has kissed me,
what those kisses could mean.

Perhaps I have to put myself in order,
beginning with my head.
I'm going to divide into numbered squares
my brain and my cerebellum,
and when a memory crops up
I will say 'a hundred and something'.
Then I will recognize
the wall and the climbing vine,
and perhaps I'll entertain myself
giving names to forgotten things.

De todas maneras aquí
me propongo terminar esto,
y antes de volver al Brasil
pasando por Antofagasta
en Isla Negra los espero,
entre ayer y Valparaíso.

In any case, here
I propose to end all this,
and before going back to Brazil
by way of Antofagasta,
in Isla Negra I am waiting
between yesterday and Valparaíso.

Adiós a París

Qué hermoso el Sena, río abundante
con sus árboles cenicientos,
con sus torres y sus agujas.

Y yo qué vengo a hacer aquí?

Todo es más bello que una rosa,
una rosa descabellada,
una rosa desfalleciente.
Es crepuscular esta tierra,
el atardecer y la aurora
son las dos naves del río,
y pasan y se entrecruzan
sin saludarse, indiferentes,
porque hace mil veces mil años
se conocieron y se amaron.

Hace ya demasiado tiempo.

Se arrugó la piedra y crecieron
las catedrales amarillas,
las usinas extravagantes,
y ahora el otoño devora cielo,
se nutre de nubes y de humo,
se establece como un rey negro
en un litoral vaporoso.

No hay tarde más dulce en el mundo.
Todo se recogió a tiempo,
el color brusco, el vago grito,
se quedó sólo la neblina
y la luz envuelta en los árboles
se puso su vestido verde.

Goodbye to Paris

How beautiful the Seine, abundant river
with its cindery trees,
with its towers and its spires.

And what have I come to do here?

Everything more elegant than a rose,
a tousled rose,
a languishing rose.
This place is crepuscular.
Twilight and dawn
are two river boats,
and they pass and repass,
making no sign, indifferent,
having known and loved each other
for a thousand thousand years.

For almost too much time.

The stone wizened and
the yellow cathedrals grew,
the extravagant power stations,
and now autumn consumes the sky,
feeds on clouds and smoke,
sets up like a black king
at the smoky water's edge.

There is no afternoon sweeter in the world.
Everything settling at the same time,
the blunt colour, the vague cry,
only the mist remains
and the light wrapped in the trees
putting on its green dress.

Tengo tanto que hacer en Chile,
me esperan Salinas y Laura,
a todos debo algo en mi patria,
y a esta hora está la mesa puesta
esperándome en cada casa,
otros me aguardan para herirme,
y además son aquellos árboles
de follaje ferruginoso
los que conocen mis desdichas,
mi felicidad, mis dolores,
aquellas alas son las mías,
ésa es el agua que yo quiero,
el mar pesado como piedra,
más alto que estos edificios,
duro y azul como una estrella.

Y yo qué vengo a hacer aquí?

Cómo llegué por estos lados?

Tengo que estar donde me llaman
para bautizar los cimientos,
para mezclar arena y hombre,
tocar las palas y la tierra
porque tenemos que hacerlo todo
allí en la tierra en que nacimos,
tenemos que fundar la patria,
el canto, el pan y la alegría,
tenemos que limpiar el honor
como las uñas de una reina
y así flotarán en el viento
las banderas purificadas
sobre las torres cristalinas.

Adiós, otoño de París,
navío azul, mar amoroso,
adiós ríos, puentes, adiós

I have so much to do in Chile.
Salinas and Laura are waiting,
to everyone in my country I owe something,
and at this moment the table is set
for me in every house;
others lie in wait to wound me,
but besides there are those trees
with metallic foliage
which know my unhappiness,
my joy, my miseries,
those wings are my wings,
that is the water I love,
the sea as heavy as stone,
vaster than those buildings,
hard and blue like a star.

And what have I come to do here?

How did I arrive in these parts?

I have to be where they call me
to baptize the cement,
to mix sand and men,
touch shovels and earth,
for we must do everything
there on our born ground;
we have to found a country,
song, bread and delight,
our honour has to be clean
as a queen's fingernails
and our purified flags
so will float in the wind
over the crystalline towers.

Goodbye, Paris and autumn,
blue ship, amorous sea,
goodbye rivers, bridges, goodbye

pan crepitante y fragante,
profundo y suave vino, adiós
y adiós, amigos que me amaron,
me voy cantando por los mares
y vuelvo a respirar raíces.
Mi dirección es vaga, vivo
en alta mar y en alta tierra:
mi ciudad es la geografía:
la calle se llama 'Me Voy',
el número 'Para no Volver'.

crackling, fragrant bread,
deep suave wine, goodbye
and goodbye, friends who loved me,
I go singing across seas
and I go back to breathe my roots.
My address is vague, I live
on the high seas and on high land.
My city is geography.
The street is called 'I Go',
the number, 'Not to Return'.

Ay qué sábados más profundos!

Ay qué sábados más profundos!

Es interesante el planeta
con tanta gente en movimiento:
olas de pies en los hoteles,
urgentes motociclistas,
ferrocarriles hacia el mar
y cuántas muchachas inmóviles
raptadas por rápidas ruedas.

Todas las semanas terminan
en hombres, mujeres y arena,
y hay que correr, no perder nada,
vencer inútiles colinas,
masticar música insoluble,
volver cansado al cemento.

Yo bebo por todos los sábados
sin olvidar al prisionero
detrás de las paredes crueles:
ya no tienen nombre sus días
y este rumor que cruza y corre
lo rodea como el océano
sin conocer cuál es la ola,
la ola del húmedo sábado.

Ay qué sábados irritantes
armados de bocas y piernas
desenfrenadas, de carrera,
bebiendo más de lo prudente:
no protestemos del bullicio
que no quiere andar con nosotros.

Oh such bottomless Saturdays!

Oh such bottomless Saturdays!

Fascinating, this planet,
with so many people in motion:
waves of feet in the hotels,
impatient motorcyclists,
railroads running to the sea,
and so many stationary girls
whipped off on whirring wheels.

Every week comes to an end
in men, women and sand —
must keep moving, missing nothing,
climb inconsequential hills,
chew up music without meaning,
come back exhausted to the concrete.

I drink away every Saturday,
never forgetting the prisoner
confined behind cruel walls.
His days no longer have names,
and that murmur, crossing, coursing,
washes round him like a sea,
without his knowing what the wave is,
wave of a humid Saturday.

Oh what exasperating Saturdays,
bristling with mouths and legs,
unrestrained, in full cry,
drinking past sense —
let us not complain about the rabble
that it does not want our company.

Sueños de trenes

Estaban soñando los trenes
en la estación, indefensos,
sin locomotoras, dormidos.

Entré titubeando en la aurora:
anduve buscando secretos,
cosas perdidas en los vagones,
en el olor muerto del viaje.
Entre los cuerpos que partieron
me senté solo en el tren inmóvil.

Era compacto el aire, un bloque
de conversaciones caídas
y fugitivos desalientos.
Almas perdidas en los trenes
como llaves sin cerraduras
caídas bajo los asientos.

Pasajeras del Sur cargadas
de ramilletes y gallinas,
tal vez fueron asesinadas,
tal vez volvieron y lloraron,
tal vez gastaron los vagones
con el fuego de sus claveles:
tal vez yo viajo, estoy con ellas,
tal vez el vapor de los viajes,
los rieles mojados, tal vez
todo vive en el tren inmóvil
y yo un pasajero dormido
desdichadamente despierto.

A dream of trains

The trains were dreaming in
the station, defenceless,
engineless, asleep.

I entered dubiously at dawn.
I went looking for secrets,
things left behind in the wagons,
in the leftover smell of the journey.
Among those who had left, I felt
myself alone in the motionless train.

The air was thick, a block
of abandoned conversations
and passing depressions —
lost souls in the corridors
like keys without locks
fallen under the seats.

Women travelling from the South, laden
with bunches of flowers and chickens;
perhaps they were murdered,
perhaps they came back and wept,
perhaps they consumed the carriages
with their carnations' fire,
perhaps I am travelling, along with them,
perhaps the steam of the journey,
the wet rails, perhaps
everything lives in the stationary train,
and I am a sleeping passenger
waking up suddenly in misery.

Yo estuve sentado y el tren
andaba dentro de mi cuerpo,
aniquilando mis fronteras,
de pronto era el tren de la infancia,
el humo de la madrugada,
el verano alegre y amargo.

Eran otros trenes que huían,
carros repletos de dolores,
cargados como con asfalto,
y así corría el tren inmóvil
en la mañana que crecía
dolorosa sobre mis huesos.

Yo estaba solo en el tren solo,
pero no sólo estaba solo,
sino que muchas soledades
allí se habrán congregado
esperando para viajar
como pobres en los andenes.
Y yo en el tren como humo muerto
con tantos inasibles seres,
por tantas muertes agobiado
me sentí perdido en un viaje
en el que nada se movía
sino mi corazón cansado.

I was in my seat and the train
was running through my body,
breaking down my frontiers —
suddenly, it was the train of my childhood,
smoke of the early morning,
bittersweet of summer.

There were other trains which were fleeing,
their cars well-filled with sorrows,
like a cargo of asphalt;
so did the stationary train run on
in the morning which was growing
heavy about my bones.

I was alone in the solitary train,
but not only was I alone —
a host of solitudes were gathered
around the hope of the journey,
like peasants on the platforms.
And I, in the train, like stale smoke,
with so many shiftless souls,
burdened by so many deaths,
felt myself lost on a journey
in which nothing was moving
but my exhausted heart.

Dónde estará la Guillermina?

Dónde estará la Guillermina?

Cuando mi hermana la invitó
y yo salí a abrirle la puerta,
entró el sol, entraron estrellas,
entraron dos trenzas de trigo
y dos ojos interminables.

Yo tenía catorce años
y era orgullosamente oscuro,
delgado, ceñido y fruncido,
funeral y ceremonioso:
yo vivía con las arañas,
humedecido por el bosque,
me conocían los coleópteros
y las abejas tricolores,
yo dormía con las perdices
sumergido bajo la menta.

Entonces entró la Guillermina
con dos relámpagos azules
que me atravesaron el pelo
y me clavaron como espadas
contra los muros del invierno.
Esto sucedió en Temuco.
Allá en el Sur, en la frontera.

Han pasado lentos los años
pisando como paquidermos,
ladrando como zorros locos,
han pasado impuros los años
crecientes, raídos, mortuorios,

Where can Guillermina be?

Where can Guillermina be?

When my sister invited her
and I went out to open the door,
the sun came in, the stars came in,
two tresses of wheat came in
and two inexhaustible eyes.

I was fourteen years old,
brooding, and proud of it,
slim, lithe and frowning,
funereal and formal.
I lived among the spiders,
dank from the forest,
the beetles knew me,
and the three-coloured bees.
I slept among partridges,
hidden under the mint.

Then Guillermina entered
with her blue lightning eyes
which swept across my hair
and pinned me like swords
against the wall of winter.
That happened in Temuco,
there in the South, on the frontier.

The years have passed slowly,
pacing like pachiderms,
barking like crazy foxes.
The soiled years have passed,
waxing, worn, funereal,

y yo anduve de nube en nube,
de tierra en tierra, de ojo en ojo,
mientras la lluvia en la frontera
caía, con el mismo traje.

Mi corazón ha caminado
con intransferibles zapatos,
y he digerido las espinas:
no tuve tregua donde estuve:
donde yo pegué me pegaron,
donde me mataron caí
y resucité con frescura,
y luego y luego y luego y luego,
es tan largo contar las cosas.

No tengo nada que añadir.

Vine a vivir en este mundo.

Dónde estará la Guillermina?

and I walked from cloud to cloud,
from land to land, from eye to eye,
while the rain on the frontier
fell in its same grey shape.

My heart has travelled
in the same pair of shoes,
and I have digested the thorns.
I had no rest where I was:
where I hit out, I was struck,
where they murdered me I fell;
and I revived, as fresh as ever,
and then and then and then and then —
it all takes so long to tell.

I have nothing to add.

I came to live in this world.

Where can Guillermina be?

Vuelve el amigo

Cuando muere tu amigo
en ti vuelve a morirse.

Te busca hasta encontrarte
para que tú lo mates.

Tomemos nota, andando,
conversando, comiendo,
de su fallecimiento.

Poco importante es lo que le ha pasado.
Todo el mundo sabía sus dolores.
Ya se murió, y apenas se le nombra.
Pasó su nombre y nadie lo detuvo.

Sin embargo él llegó después de muerto
para que sólo aquí lo recordáramos.
Él buscó nuestros ojos implorando.
No lo quisimos ver y no lo vimos.
Entonces ya se fue y ahora no vuelve.
No vuelve más, ya no lo quiere nadie.

The friend returns

When a friend of yours dies,
in you he keeps on dying.

He searches till he finds you
just for you to kill him.

Let us take note — walking,
eating, talking —
of his dying.

How unimportant is all that has befallen him.
Everyone was well aware of his sorrows.
Now he has died, and he is scarcely mentioned.
His name went by, and no one kept hold of it.

Nevertheless, he arrived after his death
so that here at least we might remember him.
Imploringly, he tried to catch our eye.
We did not see, nor did we wish to see.
And so he left, and now does not return,
and will not return, with no one wanting him now.

Sucedió en invierno

No había nadie en aquella casa.
Yo estaba invitado y entré.
Me había invitado un rumor,
un peregrino sin presencia,
y el salón estaba vacío
y me miraban con desdén
los agujeros de la alfombra.

Los estantes estaban rotos.

Era el otoño de los libros
que volaban hoja por hoja.
En la cocina dolorosa
revoloteaban cosas grises,
tétricos papeles cansados,
alas de cebolla muerta.

Alguna silla me siguió
como un pobre caballo cojo
desprovisto de cola y crines,
con tres únicas, tristes patas,
y en la mesa me recliné
porque allí estuvo la alegría,
el pan, el vino, el estofado,
las conversaciones con ropa,
con indiferentes oficios,
con casamientos delicados:
pero estaba muda la mesa
como si no tuviera lengua.

Los dormitorios se asustaron
cuando yo traspuse el silencio.

It happened in winter

There was nobody in that house.
I had been invited and I entered.
I had been invited by a rumour,
a wandering insubstantial whim;
and the main room was empty
and the holes in the carpet
looked at me disdainfully.

The shelves were all broken.

It was autumn for the books
which were flying off, leaf by leaf.
In the dolorous kitchen,
grey things fluttered about,
mournful tired papers,
wings of a dead onion.

One chair followed me
like a poor lame horse,
stripped of both tail and mane,
with only three sad hoofs,
and I leaned against the table,
for that was the place of joy,
bread, wine, stew,
conversations with clothes,
miscellaneous functions,
and subtle occasions;
but the table was dumb
as if it had no tongue.

The bedrooms were startled
when I cut through their silence.

Allí quedaron encallados
con sus desdichas y sus sueños,
porque tal vez los durmientes
allí se quedaron despiertos:
desde allí entraron en la muerte,
se desmantelaron las camas
y murieron los dormitorios
con un naufragio de navío.

Me senté en el jardin mojado
por gruesas goteras de invierno
y me parecía imposible
que debajo de la tristeza,
de la podrida soledad,
trabajaran aún las raíces
sin el estímulo de nadie.

Sin embargo entre vidrios rotos
y fragmentos sucios de yeso
iba a nacer una flor:
no renuncia, por desdeñada,
a su pasión, la primavera.

Cuando salí crujió una puerta
y sacudidas por el viento
relincharon unas ventanas
como si quisieran partir
a otra república, a otro invierno,
donde la luz y las cortinas
tuvieran color de cerveza.

Y yo apresuré mis zapatos
porque si me hubiera dormido
y me cubrieran tales cosas
no sabría lo que no hacer.
Y me escapé como un intruso
que vio lo que no debió ver.

There they were stranded
with their miseries and dreams;
for perhaps those who slept there
had remained awake.
From there they went into death,
the beds were dismantled,
and the bedrooms went down
like ships foundering.

I sat in the garden, spattered
by the great drops of winter,
and it seemed to me impossible
that beneath all that sadness,
that crumbled solitude,
the roots were still at work
with no one to encourage them.

Amongst broken glass, however,
and dirty bits of plaster,
a flower was coming to bloom;
the spring does not renounce
its passion, even though scorned.

When I left, a door creaked,
and, shaken by the wind,
some windows were whinnying
as if they wished to leave
for another republic, another winter,
where the light and the curtains
were the colour of beer.

And I made my shoes hurry,
for if I had gone to sleep,
and these things had covered me,
I wouldn't have known what to do.
And I fled like an intruder
who had seen what he shouldn't have seen.

Por eso a nadie conté nunca
esta visita que no hice:
no existe esa casa tampoco
y no conozco aquellas gentes
y no hay verdad en esta fábula:

son melancolías de invierno.

So I never told anyone
of that visit I didn't make —
neither does that house exist,
nor do I know these people,
nor is this story true.

Such are the glooms of winter.

Dulce siempre

Por qué esas materias tan duras?
Por qué para escribir las cosas
y los hombres de cada día
se visten los versos con oro,
con antigua piedra espantosa?

Quiero versos de tela o pluma
que apenas pesen, versos tibios
con la intimidad de las camas
donde la gente amó y soñó.
Quiero poemas mancillados
por las manos y el cada día.

Versos de hojaldre que derritan
leche y azúcar en la boca,
el aire y el agua se beben,
el amor se muerde y se besa,
quiero sonetos comestibles,
poemas de miel y de harina.

La vanidad anda pidiéndonos
que nos elevemos al cielo
o que hagamos profundos túneles
inútiles bajo la tierra.
Y así olvidamos menesteres
deliciosamente amorosos,
se nos olvidan los pasteles,
no damos de comer al mundo.

En Madrás hace un tiempo largo
vi una pirámide azucarada,
una torre de dulcería.

Sweetness, always

Why such harsh machinery?
Why, to write down the stuff
and people of every day,
must poems be dressed up in gold,
in old and fearful stone?

I want verses of felt or feather
which scarcely weigh, mild verses
with the intimacy of beds
where people have loved and dreamed.
I want poems stained
by hands and everydayness.

Verses of pastry which melt
into milk and sugar in the mouth,
air and water to drink,
the bites and kisses of love.
I long for eatable sonnets,
poems of honey and flour.

Vanity keeps prodding us
to lift ourselves skyward
or to make deep and useless
tunnels underground.
So we forget the joyous
love-needs of our bodies.
We forget about pastries.
We are not feeding the world.

In Madras a long time since,
I saw a sugary pyramid,
a tower of confectionery —

Cada unidad sobre otra y otra
y en la arquitectura, rubíes,
y otras delicias sonrosadas,
medioevales y amarillas.

Alguien se ensució las manos
amasando tanta dulzura.

Hermanos poetas de aquí,
de allá, de la tierra y del cielo,
de Medellín, de Veracruz,
de Abisinia, de Antofagasta,
con qué se hicieron los panales?

Dejémonos de tanta piedra!

Que tu poesía desborde
la equinoccial pastelería
que quieren devorar nuestras bocas,
todas las bocas de los niños
y todos los pobres adultos.
No sigan solos sin mirar
sin apetecer ni entender
tantos corazones de azúcar.

No tengan miedo a la dulzura.

Sin nosotros o con nosotros
lo dulce seguirá viviendo
y es infinitamente vivo,
eternamente redivivo,
porque en plena boca del hombre
para cantar o para comer
está situada la dulzura.

one level after another,
and in the construction, rubies,
and other blushing delights,
medieval and yellow.

Someone dirtied his hands
to cook up so much sweetness.

Brother poets from here
and there, from earth and sky,
from Medellín, from Veracruz,
Abyssinia, Antofagasta,
do you know the recipe for honeycombs?

Let's forget about all that stone.

Let your poetry fill up
the equinoctial pastry shop
our mouths long to devour—
all the children's mouths
and the poor adults' also.
Don't go on without seeing,
relishing, understanding
all these hearts of sugar.

Don't be afraid of sweetness.

With us or without us,
sweetness will go on living
and is infinitely alive,
forever being revived,
for it's in a man's mouth,
whether he's eating or singing,
that sweetness has its place.

Diurno con llave nocturna

Son las nueve de la mañana
de un día enteramente puro,
a rayas azules y blancas,
recién lavado y estirado,
justo como una camiseta.

Todas las briznas olvidadas
de leña, de algas diminutas,
las patas de los insectos,
las pálidas plumas errantes,
los clavos que caen del pino,
todo reluce como puede,
el mundo tiene olor a estrella.

Pero ya viene el cartero
escupiendo cartas terribles,
cartas que debemos pagar,
que nos recuerdan deudas duras,
cartas en que alguien murió
y algún hermano cayó preso
y además alguien nos enreda
en sus profesiones de araña,
y luego traen un periódico
blanco y negro como la muerte
y todas las noticias lloran.
Mapa del mundo y del sollozo!
Diario mojado cada noche
y quemado cada mañana
por la guerra y por los dolores,
oh geografía dolorosa!

Day light with night key

It is nine in the morning
of a day entirely clear,
blue and white stripes,
newly washed and dressed,
neat as a clean shirt.

All the forgotten splinters
of wood, of tiny algae,
the tiny feet of insects,
pale wandering feathers,
the spines that fall from the pine tree,
everything shines in its way.
The world has the smell of a star.

But now comes the postman
spitting up terrible letters,
letters we have to pay for,
which remind us of harsh debts,
letters announcing a death
or a brother gone to prison
and furthermore someone traps us
in his spidery affairs,
and then they bring a newspaper,
black and white like death,
and all the news is weeping.
Map of the world and of weeping!
A paper damp each night
and burning every morning
with all its wars and sorrows.
Gloomy geography!

Ya la tarde rota se arruga
y vuela como papel muerto,
de calle en calle en calle va,
la orinan los perros errantes,
la persiguen los basureros,
le añaden aliños atroces,
tripas de gallos, excrementos,
zapatos irreconocibles
y es como un fardo el viejo día:
sucio papel y vidrios rotos
hasta que lo tiran afuera,
lo acuestan en los arrabales.

Llega la noche con su copa
de enredaderas estrelladas,
el sueño sumerge a los hombres,
los acumula en su subsuelo
y se lava el mundo otra vez,
otra vez regresa la luna,
la sombra sacude sus guantes
mientras trabajan las raíces.

Y nace de nuevo otro día.

And the broken afternoon crumples
and flies like waste paper
from street to street to street,
stray dogs piss on it,
scavengers hunt it down,
and add a horrible savour,
chicken guts, excrement,
some anonymous shoes;
and the old day's like a bundle —
dirty paper and broken glass
until it gets thrown out
and put to sleep in the slums.

The night arrives with its cup
of intertwined stars,
and dreaming drowns all men,
collecting them in its cellar,
and the world is washed once more.
The moon comes back again,
the dark shakes out its gloves
while the roots get to work.

And another day is born.

Pacaypallá

Ya está la tierra en torno
de mí dándome vueltas
como el metal al son de la campana.

Ya está de cuanto amé
mi pequeño universo,
el sistema estrellado de las olas,
el desorden abrupto de las piedras.
Lejos, una ciudad con sus harapos,
llamándome, pobre sirena,
para que nunca, no, se desamore
mi corazón de sus duros deberes,
y yo con cielo y lira
en la luz de lo que amo,
inmóvil, indeciso,
levantando la copa de mi canto.

Oh aurora desprendida
de la sombra y la luna en el océano,
siempre vuelvo a tu sal abrasadora,
siempre es tu soledad la que me incita
y llegado otra vez no sé quién soy,
toco la arena dura, miro el cielo,
paseo sin saber dónde camino,
hasta que de la noche
suben y bajan flores indecibles:
en el ácido aroma
del litoral palpitan las estrellas.

Errante amor, retorno
con este corazón fresco y cansado
que pertenece al agua y a la arena,
al territorio seco de la orilla,
a la batalla blanca de la espuma.

Here, there, everywhere

Now the earth is spinning round me,
dizzying me,
like metal at the sound of the bell.

Now I have all I have loved
within my little universe,
the starred order of waves,
the sudden disorder of stones.
Far off, a city in rags
calling me, poor siren,
so that my heart can never, no,
scorn its weight of obligation,
and I with sky and poems
in the light of all I love,
poised here, swithering,
raising the cup of my song.

Oh dawn, breaking out of
the shadow and the moon in the sea,
I always come back to your burning salt.
It is your solitude always which moves me
and, back once more, I don't know who I am.
I touch the hard sand, I look at the sky,
I walk without knowing where I'm going,
until out of the night
indescribable flowers rise and fall;
in the salty air
of the coast the stars quiver.

Wandering love, I come back
with this heart both fresh and wearied,
belonging to water and sand,
to the dry spaces of the shore,
to the white war of the foam.

Desconocidos en la orilla

He vuelto y todavía el mar
me dirige extrañas espumas,
no se acostumbra con mis ojos,
la arena no me reconoce.

No tiene sentido volver
sin anunciarse, al océano:
él no sabe que uno volvió
ni sabe que uno estuvo ausente
y está tan ocupada el agua
con tantos asuntos azules
que uno ha llegado y no se sabe:
las olas mantienen su canto
y aunque el mar tiene muchas manos,
muchas bocas y muchos besos
no te ha dado nadie la mano,
no te besa ninguna boca
y hay que darse cuenta de pronto
de la poca cosa que somos:
ya nos creíamos amigos,
volvemos abriendo los brazos
y aquí está el mar, sigue su baile
sin preocuparse de nosotros.

Tendré que esperar la neblina,
la sal aérea, el sol disperso,
que el mar respire y me respire,
porque no sólo es agua el agua
sino invasiones vaporosas,
y en el aire siguen las olas
como caballos invisibles.

Strangers on the shore

I have come back, and still the sea
keeps sending me strange foam.
It does not get used to the way I see.
The sand does not recognize me.

It makes no sense to return
to the ocean without warning —
it does not know you return
or even that you were away,
and the water is so busy
with all its blue business
that arrivals go unrealized.
The waves keep up their song
and although the sea has many hands,
many mouths and many kisses,
no hand reaches out to you,
no mouth kisses you;
and you soon must realize
what a feeble thing you are.
By now we feel we are friends,
we come back with open arms,
and here is the sea, dancing away,
not bothering with us.

I will have to wait for the fog,
the flying salt, the scattered sun,
for the sea to breathe and breathe on me;
because water is not just water
but a hazy intrusion,
and the waves roll on in the air
like invisible horses.

Por eso tengo que aprender
a nadar dentro de mis sueños,
no vaya a venir el mar
a verme cuando esté dormido!
Si así sucede estará bien
y cuando despierte mañana,
las piedras mojadas, la arena
y el gran movimiento sonoro
sabrán quién soy y por qué vuelvo,
me aceptarán en su instituto.

Y yo seré otra vez feliz
en la soledad de la arena,
desarrollado por el viento
y estimado por la marina.

And so I have to learn
to swim within my dreams
in case the sea should come
to visit me in my sleep.
And if that happens, fair enough,
and when tomorrow stirs
on the wet stones, the sand
and the great resounding sway of sea
will know who I am and why I return,
will accept me into their school.

And I can be content again
in the solitude of the sand,
graduated by the wind
and respected by the sea-world.

Carta para que me manden madera

Ahora para hacer la casa,
tráiganme maderas del Sur,
tráiganme tablas y tablones,
vigas, listones, tejuelas,
quiero ver llegar el perfume,
quiero que suenen descargando
el sonido del Sur que traen.

Cómo puedo vivir tan lejos
de lo que amé, de lo que amo?
De las estaciones envueltas
por vapor y por humo frío?
Aunque murió hace tantos años
por allí debe andar mi padre
con el poncho lleno de gotas
y la barba color de cuero.

La barba color de cebada
que recorría los ramales,
el corazón del aguacero,
y que alguien se mida conmigo
a tener padre tan errante,
a tener padre tan llovido:
su tren iba desesperado
entre las piedras de Carahue,
por los rieles de Colli-Pulli,
en las lluvias de Puerto Varas.
Mientras yo acechaba perdices
o coleópteros violentos,
buscaba el color del relámpago
buscaba un aroma indeleble,
flor arbitraria o miel salvaje,

A letter ordering lumber

And now, to build the house,
bring me woods from the South,
bring me boards and planks,
beams, laths, shingles —
I want that scent to arrive,
I want them as they're unloaded
to ring with the sound of the South.

How can I live so far away
from what I loved, from what I love?
From stations shrouded
in steam and cold smoke?
Although he died long since,
my father must walk there somewhere,
his poncho thick with raindrops
and his beard the colour of leather.

Beard the colour of barley,
travelling on the branchlines,
heart like a shower of rain,
and I was as lucky as anyone
with such a wandering father,
with a father like rainfall.
His train ran furiously
through the rocks of Carahue,
on the rails of Colli-Pulli,
in the rains of Puerto Varas.
While I was hunting partridges
or chasing fierce beetles,
tracing the colour of lightning,
tracking a sharp perfume,
odd flower or wild honey,

mi padre no perdía el tiempo:
sobre el invierno establecía
el sol de sus ferrocarriles.

Yo perdí la lluvia y el viento
y qué he ganado, me pregunto?
Porque perdí la sombra verde
a veces me ahogo y me muero:
es mi alma que no está contenta
y busca bajo mis zapatos
cosas gastadas o perdidas.
Tal vez aquella tierra triste
se mueve en mí como un navío:
pero yo cambié de planeta.

La lluvia ya no me conoce.

Y ahora para las paredes,
para las ventanas y el suelo,
para el techo, para las sábanas,
para los platos y la mesa
tráiganme maderas oscuras,
secretas como la montaña,
tablas claras y tablas rojas,
alerce, avellano, mañío,
laurel, raulí y ulmo fragante,
todo lo que fue creciendo
secretamente en la espesura,
lo que fue creciendo conmigo:
tienen mi edad esas maderas,
tuvimos las mismas raíces.

Cuando se abra la puerta y entren
los fragmentos de la montaña
voy a respirar y tocar
lo que yo tal vez sigo siendo:
madera de los bosques fríos,

my father was losing no time —
he was printing on the winter
the sun of his railway tracks.

I lost the rain and the wind
and what have I gained, I wonder?
From losing the green shade
sometimes I drown and die.
It's my spirit that's not content
and wants under my feet
things used or lost.
Perhaps that wistful land
stirs in me like a ship,
but I changed my planet.

The rain no longer knows me.

And now, for the walls,
for the windows and the floor,
for the roof, for the sheets,
for the plates and the table,
bring me the dark woods,
secret as the mountains,
clear planks, red planks,
larch, hazel and fir,
laurel, beech and sweet rose tree,
all that was growing
secretly in its thickness,
that was growing as I grew.
That wood is just my age;
we had the same roots.

When the door opens and they enter,
the shavings of the mountain,
I will breathe deeply and touch
what I still am, perhaps —
wood from the cold forests,

madera dura de Temuco,
y luego veré que el perfume
irá construyendo mi casa,
se levantarán las paredes
con los susurros que perdí,
con lo que pasaba en la selva,
y estaré contento de estar
rodeado por tanta pureza,
por tanto silencio que vuelve
a conversar con mi silencio.

the hard wood of Temuco,
and I will make sure that perfume
is built into my house,
that the walls are raised up
with the sighs I left behind,
with the lost life of the forest,
and I will be glad to be
surrounded by such cleanness,
such silence coming back
to speak with my silence.

El ciudadano

Entré en las ferreterías
con mi corazón inocente
a comprar un simple martillo
o unas tijeras abstractas:
nunca debiera haberlo hecho,
desde entonces y sin reposo
dedico mi tiempo al acero,
a las más vagas herramientas:
los azadones me someten,
me avasallan las herraduras.

Me inquieto toda la semana
buscando nubes de aluminio,
tornillos atormentados,
barras de níquel taciturno,
innecesarios aldabones,
y ya las ferreterías
conocen mi deslumbramiento:
me ven entrar con ojos locos
de maniático en su caverna
y se ve que acaricio cosas
tan enigmáticas y ahumadas
que nadie podría comprar
y que sólo miro y admiro.

Porque en el sueño del injusto
surgen flores inoxidables,
innúmeras palas de hierro,
cuentagotas para el aceite,
fluviales cucharas de zinc,
serruchos de estirpe marina.
Es como el interior de una estrella
la luz de las ferreterías:

The citizen

I went into the toolshops
in all innocence
to buy a simple hammer
or some vague scissors.
I should never have done it.
Since then and restlessly
I devote my time to steel,
to the most shadowy tools:
hoes bring me to my knees,
horseshoes enslave me.

I am troubled all week,
chasing aluminium clouds,
elaborate screws,
bars of silent nickel,
unnecessary door-knockers,
and now the toolshops
are aware of my addiction —
they see me come into the cave
with my wild madman's eyes
and see that I pine for
curious smoky things
which no one would want to buy
and which I only goggle at.

For in the addict's dream
sprout stainless steel flowers,
endless iron blades,
eye-droppers of oil,
water-dippers of zinc,
saws of marine cut.
It's like the inside of a star,
the light in these toolshops —

allí con sus propios fulgores
están los clavos esenciales,
los invencibles picaportes,
la burbuja de los niveles
y los enredos del alambre.

Tienen corazón de ballena
las ferreterías del Puerto:
se tragaron todos los mares,
todos los huesos del navío:
allí se reúnen las olas,
la antigüedad de las mareas,
y depositan en su estómago
barriles que rodaron mucho,
cuerdas como arterias de oro,
anclas de peso planetario,
largas cadenas complicadas
como intestinos de la Bestia
y arpones que tragó nadando
al Este del Golfo de Penas.

Cuando entré ya no salí más,
ya nunca dejé de volver
y nunca me dejó de envolver
un olor de ferreterías:
me llama como mi provincia,
me aconseja inútiles cosas,
me cubre como la nostalgia.

Qué voy a hacerle! Hay hombres solos
de hotel, de habitación soltera,
hay otros con patria y tambor,
hay infinitos aviadores
que suben y bajan del aire.

Estoy perdido para ustedes.
Yo soy ciudadano profundo,
patriota de ferreterías.

there in their own splendour
are the essential nails,
the invincible latchkeys,
the bubbles in spirit levels
and the tangles of wire.

They have a whale's heart,
these toolshops of the port—
they've swallowed all the seas,
all the bones of ships,
waves and ancient tides
come together there
and leave behind in that stomach
barrels which rumble about,
ropes like gold arteries,
anchors as heavy as planets,
long and intricate chains
like intestines of the whale itself
and harpoons it swallowed, swimming
east from the Gulf of Penas.

Once I entered, I never left
and never stopped going back;
and I've never got away from
the aura of toolshops.
It's like my home ground,
it teaches me useless things,
it drowns me like nostalgia.

What can I do? There are single men
in hotels, in bachelor rooms;
there are patriots with drums
and inexhaustible fliers
who rise and fall in the air.

I am not in your world.
I'm a dedicated citizen,
I belong to the toolshops.

No me hagan caso

Entre las cosas que echa el mar
busquemos las más calcinadas,
patas violetas de cangrejos,
cabecitas de pez difunto,
sílabas suaves de madera,
pequeños países de nácar,
busquemos lo que el mar deshizo
con insistencia y sin lograrlo,
lo que rompió y abandonó
y lo dejó para nosotros.

Hay pétalos ensortijados,
algodones de la tormenta,
inútiles joyas del agua,
y dulces huesos de pájaro
en aún actitud de vuelo.

El mar arrojó su abandono,
el aire jugó con las cosas,
el sol abrazó cuanto había,
y el tiempo vive junto al mar
y cuenta y toca lo que existe.

Yo conozco todas las algas,
los ojos blancos de la arena,
las pequeñas mercaderías
de las mareas en otoño
y ando como grueso pelícano
levantando nidos mojados,
esponjas que adoran el viento,
labios de sombra submarina,
pero nada más desgarrador

Forget about me

Among the things the sea throws up,
let us hunt for the most purified,
violet claws of crabs,
little skulls of dead fish,
smooth syllables of wood,
small countries of mother-of-pearl;
let us look for what the sea undid
insistently, carelessly,
what it broke up and abandoned,
and left behind for us.

Petals crimped up,
cotton from the tidewash,
useless sea-jewels,
and sweet bones of birds
still in the poise of flight.

The sea washed up its tidewrack,
the air played with the sea-things;
when there was sun, it embraced them,
and time lives close to the sea,
counting and touching what exists.

I know all the algae,
the white eyes of the sand,
the tiny merchandise
of the tides in autumn,
and I walk with the gross pelican,
building its soaking nests,
sponges which worship the wind,
shelves of undersea shadow,
but nothing more moving

que el síntoma de los naufragios:
el suave madero perdido
que fue mordido por las olas
y desdeñado por la muerte.

Hay que buscar cosas oscuras
en alguna parte en la tierra,
a la orilla azul del silencio
o donde pasó como un tren
la tempestad arrolladora:
allí quedan signos delgados,
monedas del tiempo y del agua,
detritus, ceniza celeste
y la embriaguez intransferible
de tomar parte en los trabajos
de la soledad y la arena.

than the vestiges of shipwrecks —
the smooth abandoned beam
gnawed by the waves
and disdained by death.

Let us look for secret things
somewhere in the world,
on the blue shore of silence
or where the storm has passed,
rampaging like a train.
There the faint signs are left,
coins of time and water,
debris, celestial ash
and the irreplaceable rapture
of sharing in the labour
of solitude and the sand.

Demasiados nombres

Se enreda el lunes con el martes
y la semana con el año:
no se puede cortar el tiempo
con tus tijeras fatigadas,
y todos los nombres del día
los borra el agua de la noche.

Nadie puede llamarse Pedro,
ninguna es Rosa ni María,
todos somos polvo o arena,
todos somos lluvia en la lluvia.
Me han hablado de Venezuelas,
de Paraguayes y de Chiles,
no sé de lo que están hablando:
conozco la piel de la tierra
y sé que no tiene apellido.

Cuando viví con las raíces
me gustaron más que las flores,
y cuando hablé con una piedra
sonaba como una campana.

Es tan larga la primavera
que dura todo el invierno:
el tiempo perdió los zapatos:
un año tiene cuatro siglos.

Cuando duermo todas las noches,
cómo me llamo o no me llamo?
Y cuando me despierto quién soy
si no era yo cuando dormía?

Too many names

Mondays are meshed with Tuesdays
and the week with the whole year.
Time cannot be cut
with your exhausted scissors,
and all the names of the day
are washed out by the waters of night.

No one can claim the name of Pedro,
nobody is Rosa or María,
all of us are dust or sand,
all of us are rain under rain.
They have spoken to me of Venezuelas,
of Chiles and Paraguays;
I have no idea what they are saying.
I know only the skin of the earth
and I know it has no name.

When I lived amongst the roots
they pleased me more than flowers did,
and when I spoke to a stone
it rang like a bell.

It is so long, the spring
which goes on all winter.
Time lost its shoes.
A year lasts four centuries.

When I sleep every night,
what am I called or not called?
And when I wake, who am I
if I was not I while I slept?

Esto quiere decir que apenas
desembarcamos en la vida,
que venimos recién naciendo,
que no nos llenemos la boca
con tantos nombres inseguros,
con tantas etiquetas tristes,
con tantas letras rimbombantes,
con tanto tuyo y tanto mío,
con tanta firma en los papeles.

Yo pienso confundir las cosas,
unirlas y recién nacerlas,
entreverarlas, desvestirlas,
hasta que la luz del mundo
tenga la unidad del océano,
una integridad generosa,
una fragancia crepitante.

This means to say that scarcely
have we landed into life
than we come as if new-born;
let us not fill our mouths
with so many faltering names,
with so many sad formalities,
with so many pompous letters,
with so much of yours and mine,
with so much signing of papers.

I have a mind to confuse things,
unite them, make them new-born,
mix them up, undress them,
until all light in the world
has the oneness of the ocean,
a generous, vast wholeness,
a crackling, living fragrance.

Las estatuas verdes sobre el techo de Notre Dame

Contra los techos negros,
contra la luz lechosa
estas largas mujeres,
estas estatuas verdes,
qué hacen, qué hicieron antes,
qué harán al año próximo?
Son frutos del invierno?
De las edades rotas
contra la piedra, son
ángeles, santas, reinas
o simplemente
estatuas
perdidas, arrancadas
a parques ya sin árboles,
a plazas que murieron?

Por qué, por qué en la altura
solitaria, mujeres
de verde hierro, de agua,
muertas bajo la lluvia,
indefensas, delgadas,
como peces inmóviles,
nadando sin moverse
como el aire en el agua?
Pienso que sin embargo
trabajan en la altura,
son normas, normas frías,
inmóviles hogueras,
letras de luz gastadas
por otra luz oscura,

The green statues on the roof of Notre Dame

Against the black roofs,
against the milky light,
these great women,
these green statues,
what are they doing,
what did they do before,
what will they do next year?
Are they fruits of winter?
From ages broken on
stone, are they
angels, saints, queens,
or simply
statues,
lost, uprooted
from parks now treeless,
from plazas now dead?

Why, why, at that solitary
height, women
of green iron, of water
dead under the rain,
defenceless, fine,
like motionless fish
swimming without moving,
like air in water?
I think, however,
they work in high air,
are touchstones, cold touchstones,
unmoving bonfires,
ciphers of light worn down
by a different dark light,

por un temblor sin besos,
por las olas del cielo.

Monedas, sí, monedas
golpeadas contra el
semiduro infinito,
entre el techo y el alba,
erectas, solitarias
viviendo de aire y humo
como en un desafío,
atolondradas vírgenes
que se quedaron fuera,
que Dios no dejó entrar
al recinto 'cerrado'
y así sin desnudarse
viven bajo la lluvia.

by a tremor without kisses,
by the waves of the sky.

Coins, yes, coins
struck against a
half-hard infinity,
between the roof and the dawn,
upright, solitary,
living on air and smoke
as a kind of challenge,
bewildered virgins
who stayed in the open air,
whom God did not let enter
the innermost place;
so, still in their clothes,
they endure under the rain.

Tráiganlo pronto

Aquel enemigo que tuve
estará vivo todavía?
Era un barrabás vitalicio,
siempre ferviente y fermentando.

Es melancólico no oír
sus tenebrosas amenazas,
sus largas listas de lamentos.

Debo llamarle la atención,
que no olvide sus andanadas,
me gustaría un nuevo libro
con aplastantes argumentos
que al fin terminara conmigo.

Qué voy a hacer sin forajido?
Nadie me va a tomar en cuenta.

Este provechoso sujeto
acechaba mi nacimiento
y apenas quise respirar
él se decidió a exterminarme
siguiéndome con alevosía
por tierra y mar, en prosa y verso.

Cargó sus años y los míos
con perseverancia encomiable
y sobre su alma picaresca
anotó todos mis pecados,
los que tuve y los que no tuve,
los que tendré probablemente,
los que no pienso cometer

Bring him soon

That enemy I had,
can he be still alive?
He was a lifelong Barabbas,
always fermenting and seething.

It's wistful not to hear
his shadowy threats,
his long lists of complainings.

I ought to remind him
not to leave off his whining.
I would like a new book
of obliterating arguments
ending up with me.

What am I to do without an adversary?
Nobody will take me seriously.

This useful subject
was spying on my birth
and hardly had I breathed
but he decided to wipe me out,
following me treacherously
through land and sea, prose and verse.

He burdened his years and mine
with admirable industry
and in his picaresque soul
he made notes on all my sins,
those I had, those I hadn't,
those I will probably have,
those I could never commit;

y allí el pobre hombre con su lista,
con su pesado cartapacio
sólo preocupado de mí
y de mis acciones funestas.

Ay qué prójimo tan ocioso!

En esta singular tarea
prostituyó a sus descendientes,
contrajo deudas espantosas,
y las cárceles lo acechaban.
Pero el infeliz no cejó:
su obligación era importante
y caminaba con su saco
como un extraño jorobado
vaticinando mi extravío
y mi descalabro inminente.

Produjo yernos entusiastas
de parecida trayectoria
y mientras ellos combatían
él perforaba sus bolsillos.
Hoy qué pasa que no lo escucho?
De pronto no silba el tridente
y las mandíbulas del odio
guardan silencio putrefacto.

Caimán y yerno de caimán,
ferruginosos policías,
no puede ser, aquí estoy vivo,
activo en la luz duradera
—qué se hicieron aquellos dientes?
Cómo pueden dejarme solo?
Es éste el momento mejor
para saltar a las revistas
con pinchos, combos y cuchillos!
Por favor acumulen algo!
A la batalla los tambores!

and that poor man with his list,
with his ponderous notebook,
preoccupied only with me
and my woeful actions.

What a useless animal!

To that peculiar task
he prostituted his descendants,
contracted impossible debts,
prisons were looking for him
but the wretched man didn't stop;
he was serious in his work,
and he went on with his bag
like a strange hump,
predicting my misdeeds
and my imminent downfall.

He produced eager sons-in-law
with similar ends in mind
and while they kept up the fight
he made holes in his pockets—
nowadays why don't I hear from him?
Suddenly his trident no longer hisses
and the jaws of his hate
keep a rotting silence.

Alligator and son-in-law,
an iron-sided police force.
Improbably, here I am alive,
busy in the lasting light—
what became of those teeth?
How can they leave me alone?
This is the perfect time
to spring into print
with pins, ropes and knives!
Please let them think up something!
Drums into the battle!

Aquel enemigo que tuve
ha sacado los pies del plato
con un silencio pernicioso!
Yo estaba habituado a esta sombra,
a su envidia desgarradora,
a sus torpes dedos de ahogado.

A ver si lo ven y lo encuentran
bebiendo bencina y vinagre
y que resucite su furia
sin la cual sufro, palidezco
y no puedo comer perdices.

That enemy I had
took his feet from the plate
in a nasty silence!
I was used to that shadow,
to his lacerating envy,
to his clumsy drowned man's fingers.

Perhaps they'll see him and find him
drinking benzine and vitriol
and may his rage revive;
for without it I suffer, I grow pale
and I cannot eat partridges.

Por boca cerrada entran las moscas

Por qué con esas llamas rojas
se han dispuesto a arder los rubíes?

Por qué el corazón del topacio
tiene panales amarillos?

Por qué se divierte la rosa
cambiando el color de sus sueños?

Por qué se enfría la esmeralda
como una ahogada submarina?

Y por qué palidece el cielo
sobre las estrellas de junio?

Dónde compra pintura fresca
la cola de la lagartija?

Dónde está el fuego subterráneo
que resucita los claveles?

De dónde saca la sal
esa mirada transparente?

Dónde durmieron los carbones
que se levantaron oscuros?

Y dónde, dónde compra el tigre
rayas de luto, rayas de oro?

Cuándo comenzó a conocer
la madreselva su perfume?

Through a closed mouth the flies enter

Why, with those red flames at hand,
are rubies so ready to burn?

Why does the heart of the topaz
reveal a yellow honeycomb?

Why does the rose amuse itself
changing the colour of its dreams?

Why does the emerald shiver
like a drowned submarine?

Why does the sky grow pale
under the June stars?

Where does the lizard's tail
get its fresh supply of paint?

Where is the underground fire
that revives the carnations?

Where does the salt acquire
the transparency of its glance?

Where did the coal sleep
that it awoke so dark?

And where, where does the tiger buy
its stripes of mourning, its stripes of gold?

When did the jungle begin
to breathe its own perfume?

Cuándo se dio cuenta el pino
de su resultado oloroso?

Cuándo aprendieron los limones
la misma doctrina del sol?

Cuándo aprendió a volar el humo?

Cuándo conversan las raíces?

Cómo es el agua en las estrellas?
Por qué el escorpión envenena,
por qué el elefante es benigno?

En qué medita la tortuga?
Dónde se retira la sombra?
Qué canto repite la lluvia?
Dónde van a morir los pájaros?
Y por qué son verdes las hojas?

Es tan poco lo que sabemos
y tanto lo que presumimos
y tan lentamente aprendemos,
que preguntamos, y morimos.
Mejor guardemos orgullo
para la ciudad de los muertos
en el día de los difuntos
y allí cuando el viento recorra
los huecos de tu calavera
te revelará tanto enigma,
susurrándote la verdad
donde estuvieron tus orejas.

When did the pine tree realize
its own sweet-smelling consequence?

When did the lemons learn
the same laws as the sun?

When did smoke learn to fly?

When do roots converse?

What is water like in the stars?
Why is the scorpion poisonous,
the elephant benign?

What is the tortoise brooding on?
Where does shade withdraw to?
What song does the rain repeat?
When are the birds going to die?
And why should leaves be green?

What we know is so little,
and what we presume so much,
so slowly do we learn
that we ask questions, then die.
Better for us to keep our pride
for the city of the dead
on the day of the departed,
and there, when the wind blows through
the holes in your skull,
it will unveil to you such mysteries,
whispering the truth to you
through the spaces that were your ears.

Furiosa lucha de marinos con pulpo de colosales dimensiones

I

La llegada Los navegantes que volvieron
a Valparaíso de combatir con el octopus
luego ya no se acostumbraron:
no querían andar en tren,
le tenían miedo a los rieles,
vivían buscando ventosas
en el aro de los neumáticos,
entre las piernas y los árboles.
Le tenían miedo a la luna!

Vivían tristes encogiéndose
entre tabernas y barriles,
las barbas negras crecían
simultáneas, incontrolables,
y ellos debajo de sus barbas
eran cada vez más hostiles
como si el animal remoto
los hubiera llenado de agua.

Los encontré en Valparaíso
enredados en sus cabellos,
arañosos, indelicados,
y parecían ofendidos
no por el monstruo del océano,
sino por los cigarrillos,
por las vagas conversaciones,
por las bebidas transparentes.

Furious struggle between seamen and an octopus of colossal size

I

The arrival The sailors who came back
in Valparaíso from struggling with the octopus
have still not taken it in —
they wouldn't travel by train,
they were afraid of the rails,
they lived in fear of suckers
on the rims of rubber tyres,
and legs and trees.
They were afraid of the moon!

They lived gloomily, cringing
round taverns and barrels,
their black beards grew
on their own, beyond control,
and they behind their beards
grew steadily more hostile
as if the remote creature
had filled them up with water.

I met them in Valparaíso,
tangled in their hair,
itching, indelicate,
and they seemed offended
not by the great sea monster
but by cigarettes,
by trivial conversations,
by glassy-looking drinks.

Leían diarios increíbles,
El Mercurio, El Diario Ilustrado,
periódicos prostibulantes
con fotografías de diosas
de fascinadores ombligos,
pero ellos leían más lejos,
lo que no volverá a pasar,
lo que ya no sucede más:
las batallas del cefalópodo
que se nutre de balleneros,
y como no se mencionaban
estos asuntos en el diario
escupían furiosamente
y se estremecían de olvido.

II

El combate En el mar dormía el velero
entre los dientes de la noche,
roncaban los duros muchachos
condecorados por la luna
y el cachalote desangrándose
llevaba clavado el orgullo
por las latitudes del agua.

El hombre despertó con ocho
escalofríos pestilentes,
ocho mangueras del abismo,
ocho vísceras del silencio,
y tambaleó el puro navío,
se derribó su firmamento:
un gran marisco lo envolvió
como en una mano gigante
y entró en el sueño del marino
un regimiento de ventosas.

They read improbable dailies,
Mercurio, Diario Ilustrado,
and sexy magazines
with photographs of goddesses
with fascinating navels,
but they were far away, reading
what will never happen again,
what doesn't happen twice —
the wars with the cephalopod
which feeds on whaling men,
and since in the daily papers
these things were not reported,
they spat in a fury
and raged at such forgetting.

II

The fight At sea the sailing boat slept
in the teeth of the night,
the rough sailors snored,
illumined by the moon,
and the whale, losing blood,
carried its speared pride
through latitudes of water.

The men awoke to the touch
of eight cold horrors,
eight hosepipes from the deep,
eight tentacles from the silence,
and the proud ship shuddered,
its skyscape tumbled —
a great sea creature gripped it
like a giant hand,
a whole army of suckers
entered the sailors' dream.

La lucha fue desenfrenada
y tales proporciones tuvo
que los mástiles se quebraron:
las hachas cortaban pedazos
de dura goma submarina,
las bocas del monstruo chupaban
con largas cadenas de labios,
mientras sus pupilas sin párpados
fosforeciendo vigilaban.

Aquello fue carnicería,
resbalaban los pies en sangre,
y cuando caían cortados
los dedos fríos de la Bestia
otra mano infernal subía
enrollándose en la cintura
de los desdichados chilenos.

Cuando llegó con su mantel
la aurora helada del Antártico
encontró la muerte en el mar:
aquel velero destronado
por el octopus moribundo
y siete balleneros vivos
entre las olas y la ausencia.

La aurora lloró hasta empapar
su mantel de aguas amarillas.

Pasaron entonces los pájaros,
los interminables enjambres,
las colmenas del archipiélago,
y sobre las crueles heridas
de la Bestia y sobre los muertos
iba la luz indiferente
y las alas sobre la espuma.

The struggle was so wild
and took on such proportions
that masts snapped off,
axes hacked out pieces
of hard undersea rubber,
the mouths of the monster sucked
through huge layered lips,
while its great lidless eyes
watched through their phosphorescence.

In the end, it was butchery,
feet slithered in blood,
and when the Beast's cold fingers
fell away, severed,
another grisly arm arose
coiling round the belts
of the luckless Chileans.

When the frozen Antarctic
spread its cloth of dawn
it found death in the sea —
that sailing boat dragged down
by the dying octopus
and seven whale men alive
in the vacuum of the sea.

The dawn wept fit to soak
its cloth of yellow water.

Then the birds passed over,
interminable flocks,
hives of the archipelago,
and over the bitter wounds
of the Beast and over the dead
passed the indifferent light,
wings over the foam.

III

La partida Roberto López se embarcó en el *Aurora*.
Arturo Soto en el *Antarctic Star*.
Olegario Ramírez en el *Maipo*.
Justino Pérez murió en una riña.
Sinfín Carrasco es soldado en Iquique.
Juan de Dios González es campesino y corta
troncos de alerce en las
islas del Sur.

III

The crew Roberto López embarked on the *Aurora*.
Arturo Soto in the *Antarctic Star*.
Olegario Ramírez on the *Maipo*.
Justino Pérez died in a brawl.
Sinfín Carrasco is a soldier in Iquique.
Juan de Dios González is a farmer and fells
larch trunks in the
                    islands of the South.

Contraciudad

La triste ciudad de Santiago
extiende piernas polvorientas,
se alarga como un queso gris
y desde el cielo puro y duro
se ve como una araña muerta.

La cortaron de adobe triste
los tétricos conquistadores
y luego las moscas, el humo,
los vehículos aplastantes,
los chilenos pelando papas,
los olores del Matadero,
las tristezas municipales
enterraron a mi ciudad,
la abandonaron lentamente,
la sepultaron en ceniza.

Luego los hijos de Chicago
hicieron pálidos cajones
y cada vez era más triste
la pobre ciudad en invierno:
destartalados automóviles
la martirizaban con furia
y en las esquinas oscilaban
las noticias abrumadoras
de los periódicos sangrientos.

Todos los ricos escaparon
con muebles y fotografías
lejos, a la cordillera,
y allí dormían entre rosas,
pero en la mañana volvían

Countercity

The sad city of Santiago
spreads out its dusty legs,
elongates like a grey cheese
and from the hard clean sky
it looks like a dead spider.

They cut it from sad adobe,
the gloomy conquistadors,
and later the flies, the smoke,
the oppressive vehicles,
Chileans peeling potatoes,
the smells of the slaughterhouse,
the municipal sorrows
buried my city,
abandoned it slowly,
entombed it in ash.

Then the children of Chicago
built their pitiful boxes
and it grew steadily sadder,
the poor city in winter —
shabby automobiles
martyred it in their rage
and on corners circulated
oppressive headlines
from the bleeding newspapers.

All the rich escaped
with photographs and furniture
away to the mountains
and there they slept among roses
but returned every morning

al centro de la ciudad pobre
con dientes duros de pantera.

Los pobres no pudieron irse,
ni los cabarets desahuciados
en que bailaban con decoro
los jóvenes sobrevivientes,
y aquí el hombre se acostumbró
a pasar entre los harapos
como corre un escalofrío
por las paredes del invierno.

La cárcel la tienen en medio
de la pobre ciudad golpeada
y es una cárcel con caries,
con negras muelas pustulentas
y oprime a la ciudad, le agrega
su salpicadura de sangre,
su capital de los dolores.

Qué puedo hacer, mi pobre patria?
Vienen y van los presidentes
y el corazón se llena de humo:
se petrifican los gobiernos
y la ciudad no se conmueve,
todos susurran sin hablar,
se cruzan relámpagos de odio.

Yo crecí en estas calles tristes
mirando las ferreterías,
los mercados de la verdura,
y cuando la ciudad envejece
se prostituye, se desangra,
y se muere de polvorienta:
cuando el verano sin follaje,
el pobre otoño sin monedas,
el invierno color de muerte

to the heart of the poor city
with their hard panther teeth.

The poor could not escape
nor could the squalid cabarets
in which the surviving young
danced decorously,
and here men got used
to walking among rags
as a shiver will run
along the walls in winter.

The prison is in the middle
of that poor beaten city,
a prison with cavities,
with black pustulant molars —
it oppresses the city, it adds
its splashes of blood,
its stock of griefs.

What can I do, my poor country?
Presidents come and go
and the heart fills with smoke.
Governments petrify
and the city never stirs —
everyone whispers without speaking,
flashes of hate criss-cross.

I grew in those wistful streets,
gazing into toolshops
and vegetable markets;
and when the city grows old,
sells itself, sheds its blood,
dies of dustiness,
when the leafless summer,
the poor penniless autumn,
and winter the colour of death

cubren la ciudadanía,
sufro lo mismo que una calle:
y cumpliendo con mis pesares
me pongo a bailar de tristeza.

Porque supongo que algún día
verán árboles, verán aguas
los desdichados caminantes:
sabrán cómo cae la lluvia
no sólo sobre los sombreros
y podrán conocer la luz
y el equilibrio del otoño.

cover the citizens,
I suffer like a street;
and coming to terms with my sorrows,
I dance out my despair.

For some day, I imagine,
they will see trees and water,
the unhappy strollers.
They will know how the rain falls
not only on their hats
and will come to know light
and the well-being of autumn.

Cantasantiago

No puedo negar tu regazo,
ciudad nutricia, no puedo
negar ni renegar las calles
que alimentaron mis dolores,
y el crepúsculo que caía
sobre los techos de Mapocho
con un color de café triste
y luego la ciudad ardía,
crepitaba como una estrella,
y que se sepa que sus rayos
prepararon mi entendimiento:
la ciudad era un barco verde
y partí a mis navegaciones.

No se termina tu fragancia.
Porque tal vez la enredadera
que se perdió en aquella esquina
creció hacia abajo, hacia otro mundo,
mientras se abren sobre su muerte
los pétalos de un edificio.

Santiago, no niego tu nieve,
tu sol de abril, tus dones negros,
San Francisco es un almanaque
lleno de fechas gongorinas,
la Estación Central es un león,
la Moneda es una paloma.

Amo la virgen ovalada
que ilumina sin entusiasmo
los sueños de la zoología
encarcelada y desdeñosa,

Santiagosong

Mothering city, I cannot deny
your cradling, I cannot
deny or reject the streets
that fed my sufferings,
and the half-light that fell
on the rooftops of Mapocho,
the colour of mournful coffee,
and later the city would burn,
sputtering like a star,
and be it known that its aura
set off my understanding.
The city was a green boat
and I left on my voyagings.

Your fragrance never ends.
For perhaps the winding vine
which vanished on that corner
grew downward toward another world,
while the petals of a building
opened over its dying.

Santiago, I don't deny your snow,
your April sun, your black gifts—
San Francisco is an almanac
crammed with gongoristic dates,
Central Station is a lion,
the Moneda a dove.

I love the oval virgin
illumining laconically
the dreams of an imprisoned
and disdaining zoology,

y tus parques llenos de manos,
llenos de bocas y de besos.

De cuando en cuando peina el viento
las curvas de una callejuela
que se apartó sin decir nada
de tu implacable geometría,
pero los montes coronaron
la rectitud de tus rectángulos
con solitaria sal salvaje,
estatuas desnudas de nieve,
desmoronados desvaríos.

Qué olvidé en tus calles que vuelvo
de todas partes a tus calles?
Como si vaya donde vaya
recuerde de pronto una cita
y me apresuro y vuelo y corro
hasta tocar tu pavimento!
Y entonces sé que sé que soy,
entonces sé que me esperaba
y por fin me encuentro conmigo.

La nieve que cae en tu frente
comenzó a nevar en la mía:
envejezco con mi ciudad
pero los sueños no envejecen:
crían tejas y crían plumas,
suben las casas y los pájaros
y así, Santiago, nos veremos
dormidos por la eternidad
y profundamente despiertos.

Santiago, no olvides que soy
jinete de tu crecimiento:
llegué galopando a caballo
del Sur, de mi salvajería,

and your parks full of hands,
full of mouths and kisses.

From time to time the wind combs
the curves of an alleyway
which excepted itself somehow
from your implacable geometry,
but the mountains crowned
the straightness of your rectangles
with solitary wild salt,
statues stripped of snow,
disintegrated fantasies.

What did I forget
in your streets that I return
from wherever I am to them?
As if wherever I go
I suddenly remember an appointment
and I hurry and fly and run
till I touch your pavements.
Then I know that I know that I am,
then I know you are waiting for me,
and at last I'm back with myself.

The snow which falls on your forehead
began snowing on mine.
I grow old with my city
but dreams don't age.
Tiles and feathers breed,
houses and birds arise,
and so, Santiago, we're clearly
both asleep for eternity
and both profoundly awake.

Santiago, don't forget
that I am the horseman of your growing.
I came on horseback, galloping
from the South, from my wilderness,

y me quedé inmóvil en ti
como un caballero de bronce:
y desde entonces soy ciudad
sin olvidar mis territorios,
sin abandonar los caminos:
tengo el pecho pavimentado,
mi poesía es la Alameda,
mi corazón es un teléfono.

Sí, Santiago, soy una esquina
de tu amor siempre movedizo
como entusiasmo de bandera
y en el fondo te quiero tanto
que sufro si no me golpeas,
que si no me matas me muero
y no sólo cuento contigo
sino que no cuento sintigo.

and I came to rest in you
like a horseman cast in bronze,
and since then I've been a city
without forgetting my landscapes,
without giving up the roads.
My breast is pavemented,
my poetry is the Alameda,
my heart is a telephone.

Santiago, yes, I am a street corner
of your always shifting love,
waving excited flags;
and at heart I am so devoted
that I suffer if you don't strike me,
that if you don't kill me, I die
and not only do I count on you,
but rather I don't count without you

El perezoso

Continuarán viajando cosas
de metal entre las estrellas,
subirán hombres extenuados,
violentarán la suave luna
y allí fundarán sus farmacias.

En este tiempo de uva llena
el vino comienza su vida
entre el mar y las cordilleras.

En Chile bailan las cerezas,
cantan las muchachas oscuras
y en las guitarras brilla el agua.

El sol toca todas las puertas
y hace milagros con el trigo.

El primer vino es rosado,
es dulce como un niño tierno,
el segundo vino es robusto
como la voz de un marinero
y el tercer vino es un topacio,
una amapola y un incendio.

Mi casa tiene mar y tierra,
mi mujer tiene grandes ojos
color de avellana silvestre,
cuando viene la noche el mar
se viste de blanco y de verde
y luego la luna en la espuma
sueña como novia marina.

No quiero cambiar de planeta.

Lazybones

They will continue wandering,
these things of steel among the stars,
and worn-out men will still go up
to brutalize the placid moon.
There, they will found their pharmacies.

In this time of the swollen grape,
the wine begins to come to life
between the sea and the mountain ranges.

In Chile now, cherries are dancing,
the dark, secretive girls are singing,
and in guitars, water is shining.

The sun is touching every door
and making wonder of the wheat.

The first wine is pink in colour,
is sweet with the sweetness of a child,
the second wine is able-bodied,
strong like the voice of a sailor,
the third wine is a topaz, is
a poppy and a fire in one.

My house has both the sea and the earth,
my woman has great eyes
the colour of wild hazelnut,
when night comes down, the sea
puts on a dress of white and green,
and later the moon in the spindrift foam
dreams like a sea-green girl.

I have no wish to change my planet.

Bestiario

Si yo pudiera hablar con pájaros,
con ostras y con lagartijas,
con los zorros de Selva Oscura,
con los ejemplares pingüinos,
si me entendieran las ovejas,
los lánguidos perros lanudos,
los caballos de carretela,
si discutiera con los gatos,
si me escucharan las gallinas!

Nunca se me ha ocurrido hablar
con animales elegantes:
no tengo curiosidad
por la opinión de las avispas,
ni de las yeguas de carrera:
que se las arreglen volando,
que ganen vestidos corriendo!
Yo quiero hablar con las moscas,
con la perra recién parida
y conversar con las serpientes.

Cuando tuve pies para andar
en noches triples, ya pasadas,
seguí a los perros nocturnos,
esos escuálidos viajeros
que trotan viajando en silencio
con gran prisa a ninguna parte
y los seguí por muchas horas:
ellos desconfiaban de mí,
ay, pobres perros insensatos,
perdieron la oportunidad
de narrar sus melancolías,

Bestiary

If I were able to speak with birds,
with oysters and with little lizards,
with the foxes of Selva Oscura,
with penguin representatives,
if sheep could understand me,
and tired woollen dogs,
and great cart-horses,
if I could discuss with cats,
if chickens would listen to me!

It has never occurred to me to speak
with the genteel animals.
I have no interest in
the opinions of wasps,
the views of racehorses.
Let them get on with their flying,
let them win racing colours!
I want to speak to flies,
to the bitch newly delivered,
and have conversation with serpents.

When my feet were able to walk
through threefold nights, now vanished,
I followed the dogs of the dark,
these squalid vagabonds
who pad about in silence
hurrying toward nowhere,
and I followed them for hours;
they were distrustful of me,
the poor insensitive beasts.
They lost the opportunity
of telling me their troubles,

de correr con pena y con cola
por las calles de los fantasmas.

Siempre tuve curiosidad
por el erótico conejo:
quiénes lo incitan y susurran
en sus genitales orejas?
Él va sin cesar procreando
y no hace caso a San Francisco,
no oye ninguna tontería:
el conejo monta y remonta
con organismo inagotable.
Yo quiero hablar con el conejo,
amo sus costumbres traviesas.

Las arañas están gastadas
por páginas bobaliconas
de simplistas exasperantes
que las ven con ojos de mosca,
que la describen devoradora,
carnal, infiel, sexual, lasciva.
Para mí esta reputación
retrata a los reputadores:
la araña es una ingeniera,
una divina relojera,
por una mosca más o menos
que la detesten los idiotas,
yo quiero conversar con la araña:
quiero que me teja una estrella.

Me interesan tanto las pulgas
que me dejo picar por horas,
son perfectas, antiguas, sánscritas,
son máquinas inapelables.
No pican para comer,
sólo pican para saltar,
son las saltarinas del orbe,

of tailing wretchedly through
the ghost-crowded streets.

I was always curious
about the erotic rabbit.
Who stirs it up, who whispers
in its genital ears?
It never stops procreating,
and ignores San Francisco,
has no time for trivia.
The rabbit is always at it
with its inexhaustible mechanism.
I would like to speak with the rabbit,
I love its ribald habits.

Spiders have been explained away
in imbecilic texts
by exasperating simplifiers
who take the fly's point of view,
who describe them as voracious,
carnal, unfaithful, lascivious.
For me, that reputation
reflects on those who bestow it.
The spider is an engineer,
a divine watchmaker.
For one fly more or less
the foolish can detest them;
I wish to speak with spiders.
I want them to weave me a star.

Fleas interest me so much
that I let them bite me for hours.
They are perfect, ancient as Sanskrit,
relentless as machines.
They bite not in order to eat,
they only bite to go jumping,
the gymnasts of the globe,

las delicadas, las acróbatas
del circo más suave y profundo:
que galopen sobre mi piel,
que divulguen sus emociones,
que se entretengan con mi sangre,
pero que alguien me las presente,
quiero conocerlas de cerca,
quiero saber a qué atenerme.

Con los rumiantes no he podido
intimar en forma profunda:
sin embargo soy un rumiante,
no comprendo que no me entiendan.
Tengo que tratar este tema
pastando con vacas y bueyes,
planificando con los toros.
De alguna manera sabré
tantas cosas intestinales
que están escondidas adentro
como pasiones clandestinas.

Qué piensa el cerdo de la aurora?
No cantan pero la sostienen
con sus grandes cuerpos rosados,
con sus pequeñas patas duras.

Los cerdos sostienen la aurora.

Los pájaros se comen la noche.

Y en la mañana está desierto
el mundo: duermen las arañas,
los hombres, los perros, el viento:
los cerdos gruñen, y amanece.

Quiero conversar con los cerdos.

the most delicate and accomplished
acrobats in the circus.
Let them gallop across my skin,
let them unbare their feelings,
let them enjoy my blood,
but let someone introduce me;
I want to know them closely,
I want to know what to count on.

I have not been able to form
close friendships with the ruminants.
Of course, I am a ruminant;
I don't see why they misread me.
I shall have to take up this theme
grazing with cows and oxen,
plotting with the bulls.
Somehow I shall know
so many intestinal things
which are concealed inside
deeply, like secret passions.

What do pigs think of the dawn?
They do not sing but bear it up
with their huge pink bodies,
with their small hard hoofs.

Pigs bear up the dawn.

Birds gobble up the night.

And in the morning the world
is deserted—spiders and men,
dogs and the wind, all sleep;
pigs grunt and a day breaks.

I want to talk to the pigs.

Dulces, sonoras, roncas ranas,
siempre quise ser rana un día,
siempre amé la charca, las hojas
delgadas como filamentos,
el mundo verde de los berros
con las ranas dueñas del cielo.

La serenata de la rana
sube en mi sueño y lo estimula,
sube como una enredadera
a los balcones de mi infancia,
a los pezones de mi prima,
a los jazmines astronómicos
de la negra noche del Sur,
y ahora que ha pasado el tiempo
no me pregunten por el cielo:
pienso que no he aprendido aún
el ronco idioma de las ranas.

Si es así, cómo soy poeta?
Qué sé yo de la geografía
multiplicada de la noche?

En este mundo que corre y calla
quiero más comunicaciones,
otros lenguajes, otros signos,
quiero conocer este mundo.

Todos se han quedado contentos
con presentaciones siniestras
de rápidos capitalistas
y sistemáticas mujeres.
Yo quiero hablar con muchas cosas
y no me iré de este planeta
sin saber qué vine a buscar,
sin averiguar este asunto,
y no me bastan las personas,

Frogs, soft, raucous, sonorous —
I always wanted to be a frog,
I always loved the pools and the leaves
slender as filaments,
the green world of watercress
with the frogs lords of the sky.

The serenade of frogs
starts in my dream and illumines it,
starts up like a climbing plant
to the balconies of my childhood,
to my cousin's growing nipples,
to the astronomic jasmine
of black Southern nights,
and now that time has passed,
let them not ask after the sky;
it seems I still haven't learned
the harsh speech of frogs.

If all this is so, how am I a poet?
What do I know of the complex
geography of the night?

In this world, rushing, subsiding,
I need more communication,
other languages, other signs;
I want to know this world.

Everyone has remained satisfied
with the sinister pronouncements
of capitalists in a hurry
and systematic women.
I want to speak with many things
and I will not leave this planet
without knowing what I came to find,
without solving this affair,
and people are not enough.

yo tengo que ir mucho más lejos
y tengo que ir mucho más cerca.

Por eso, señores, me voy
a conversar con un caballo,
que me excuse la poetisa
y que el profesor me perdone,
tengo la semana ocupada,
tengo que oír a borbotones.

Cómo se llamaba aquel gato?

I have to go much farther
and I have to go much closer.

So, gentlemen, I am going
to converse with a horse;
let the poetess excuse me,
the professor give me leave.
I shall be busy all week,
I have to listen incessantly.

What was that cat's name?

Testamento de otoño

El poeta
entra a contar
su condición y
predilecciones Entre morir y no morir
me decidí por la guitarra
y en esta intensa profesión
mi corazón no tiene tregua,
porque donde menos me esperan
yo llegaré con mi equipaje
a cosechar el primer vino
en los sombreros del otoño.

Entraré si cierran la puerta
y si me reciben me voy,
no soy de aquellos navegantes
que se extravían en el hielo:
yo me acomodo como el viento,
con las hojas más amarillas,
con los capítulos caídos
de los ojos de las estatuas
y si en alguna parte descanso
es en la propia nuez del fuego,
en lo que palpita y crepita
y luego viaja sin destino.

A lo largo de los renglones
habrás encontrado tu nombre,
lo siento muchísimo poco,
no se trataba de otra cosa
sino de muchísimas más,
porque eres y porque no eres
y esto le pasa a todo el mundo,
nadie se da cuenta de todo
y cuando se suman las cifras
todos éramos falsos ricos:
ahora somos nuevos pobres.

Autumn testament

The poet Between dying and not dying
talks of his I picked on the guitar
state and his and in that dedication
predilections my heart takes no respite,
for where I'm least expected
I turn up with my stuff
to gather the first wine
in the sombreros of autumn.

If they close the door, I'll go in;
if they greet me, I'll be off.
I'm not one of those sailors
who flounder about on the ice.
I'm adaptable as the wind is,
with the yellowest leaves,
with the fallen histories
in the eyes of statues,
and if I come to rest anywhere,
it's in the nub of the fire,
the throbbing crackling part
that flies off to nowhere.

Along the margins
you'll have come across your name;
I don't apologize,
it had to do with nothing
except almost everything,
for you do and you don't exist—
that happens to everybody—
nobody realizes,
and when they add up the figures,
we're not rich at all—
now we're the new poor.

Habla de sus He sido cortado en pedazos
enemigos y les por rencorosas alimañas
participa su que parecían invencibles.
herencia Yo me acostumbré en el mar
a comer pepinos de sombra,
extrañas variedades de ámbar
y a entrar en ciudades perdidas
con camiseta y armadura
de tal manera que te matan
y tú te mueres de la risa.

Dejo pues a los que ladraron
mis pestañas de caminante,
mi predilección por la sal,
la dirección de mi sonrisa
para que todo lo lleven
con discreción, si son capaces:
ya que no pudieron matarme
no puedo impedirles después
que no se vistan con mi ropa,
que no aparezcan los domingos
con trocitos de mi cadáver,
certeramente disfrazados.
Si no dejé tranquilo a nadie
no me van a dejar tranquilo,
y se verá y eso no importa:
publicarán mis calcetines.

Se dirige a Dejé mis bienes terrenales
otros sectores a mi Partido y a mi pueblo,
ahora se trata de otras cosas,
cosas tan oscuras y claras
que son sin embargo una sola.
Así sucede con las uvas,
y sus dos poderosos hijos,
el vino blanco, el vino rojo,
toda la vida es roja y blanca,

*He speaks of
his enemies
and divides
up his
possessions* I've been ripped apart
by a set of spitting rodents
who seemed too much for me.
In the sea I would often eat
dark sea-cucumbers,
strange kinds of amber,
and storm lost cities
in my shirt and my armour
in ways that would kill you—
you would die of laughter.

So I leave to all who snarled at me
my traveller's eyelashes,
my passion for salt,
the slant of my smile—
let them take it all away
discreetly, if that's possible;
since they weren't able to kill me
I can hardly stop them
from dressing in my clothes
or appearing on Sundays
convincingly disguised.
I left no one in peace
so they'll grant me no peace.
That's clear, but it doesn't matter—
they'll be publishing my socks.

*He turns to
other matters* I've left my worldly goods
to my party and my people—
we're talking here of other things,
things both obscure and clear
which all add up to one thing.
It's the same with the grapes
and their two powerful children,
white wine, red wine.
All life is red and white,

287

toda claridad es oscura,
y no todo es tierra y adobe,
hay en mi herencia sombra y sueños.

Contesta a Me preguntaron una vez
algunos bien por qué escribía tan oscuro,
intencionados pueden preguntarlo a la noche,
al mineral, a las raíces.
Yo no supe qué contestar
hasta que luego y después
me agredieron dos desalmados
acusándome de sencillo:
que responda el agua que corre,
y me fui corriendo y cantando.

Destina sus A quién dejo tanta alegría
penas que pululó por mis venas
y este ser y no ser fecundo
que me dio la naturaleza?
He sido un largo río lleno
de piedras duras que sonaban
con sonidos claros de noche,
con cantos oscuros de día
y a quién puedo dejarle tanto,
tanto que dejar y tan poco,
una alegría sin objeto,
un caballo solo en el mar,
un telar que tejía viento?

Dispone de Mis tristezas se las destino
sus regocijos a los que me hicieron sufrir,
pero me olvidé cuáles fueron,
y no sé dónde las dejé,
si las ven en medio del bosque
son como las enredaderas:
suben del suelo con sus hojas

all clarity is cloudy.
It's not all earth and adobe—
I inherited shadows and dreams.

He replies to   Once they asked me
some well-   why my writing was so obscure.
meaning   They might ask the night that,
people   or minerals, or roots.
I didn't know what to answer,
then, some time after,
two crazy men attacked me,
saying I was simple—
the answer's in running water
and I went off, running and singing.

He parcels out   Has anyone been granted
his sufferings   as much joy as I have
(it flows through my veins)
and this fruitful unfruitful mixture
that is my nature?
I've been a great flowing river
with hard ringing stones,
with clear night-noises,
with dark day-songs.
To whom can I leave so much,
so much and so little,
joy beyond its objects,
a lone horse by the sea,
a loom weaving the wind?

And hands on   My own sorrows I leave to
his joys   all those who made me suffer
but by now I've forgotten them
and I don't know where I lost them—
if they turn up in the forest
they're like tangleweed.
They grow from the ground up

y terminan donde terminas,
en tu cabeza o en el aire,
y para que no suban más
hay que cambiar de primavera.

Se pronuncia
en contra del
odio Anduve acercándome al odio,
son serios sus escalofríos,
sus nociones vertiginosas.
El odio es un pez espada,
se mueve en el agua invisible
y entonces se le ve venir,
y tiene sangre en el cuchillo:
lo desarma la transparencia.

Entonces para qué odiar
a los que tanto nos odiaron?
Allí están debajo del agua
acechadores y acostados
preparando espada y alcuza,
telarañas y telaperros.
No se trata de cristianismos,
no es oración ni sastrería,
sino que el odio perdió:
se le cayeron las escamas
en el mercado del veneno,
y mientras tanto sale el sol
y uno se pone a trabajar
y a comprar su pan y su vino.

Pero lo
considera en
su testamento Al odio le dejaré
mis herraduras de caballo,
mi camiseta de navío,
mis zapatos de caminante,
mi corazón de carpintero,
todo lo que supe hacer
y lo que me ayudó a sufrir,
lo que tuve de duro y puro,

and end where you end,
at your head, at the air—
to keep them from growing,
spring has to be changed.

He comes out I've come within range of hate.
against hate Terrifying, its tremors,
its dizzying obsessions.
Hate's like a swordfish
invisible in the water,
knifing suddenly into sight
with blood on its blade—
clear water misleads you.

Why, why do we hate so much
those who hate us?
There they are underwater,
hunters lying in wait,
swords and oil-cans ready,
spiderwebs and mousetraps.
It has nothing to do with being Christian,
or with prayer or with tailoring;
it's just that hate is a loser.
Scales fell from eyes
in the poison-market;
meanwhile the sun comes out
and I start to work
and to buy bread and wine.

But deals To hate I'll leave
with it in my own horseshoes,
his will my sailor's shirt,
my traveller's shoes,
my carpenter's heart,
all things I did well,
and which helped me to suffer,
the strong clear things I had,

de indisoluble y emigrante,
para que se aprenda en el mundo
que los que tienen bosque y agua
pueden cortar y navegar,
pueden ir y pueden volver,
pueden padecer y amar,
pueden temer y trabajar,
pueden ser y pueden seguir,
pueden florecer y morir,
pueden ser sencillos y oscuros,
pueden no tener orejas,
pueden aguantar la desdicha,
pueden esperar una flor,
en fin, podemos existir,
aunque no acepten nuestras vidas
unos cuantos hijos de puta.

Finalmente se Matilde Urrutia, aquí te dejo
dirige con lo que tuve y lo que no tuve,
arrobamiento lo que soy y lo que no soy.
a su amada Mi amor es un niño que llora,
no quiere salir de tus brazos,
yo te lo dejo para siempre:
eres para mí la más bella.

Eres para mí la más bella,
la más tatuada por el viento,
como un arbolito del sur,
como un avellano en agosto,
eres para mí suculenta
como una panadería,
es de tierra tu corazón
pero tus manos son celestes.

Eres roja y eres picante,
eres blanca y eres salada

permanent and passing,
so that it dawns on the world
that those who have trees and water
can carve ships, set sail,
can go away and come back,
suffer and love,
have fears, do work,
be and go on being,
be fruitful and die,
be simple and complex,
not have ears,
turn misery to account,
wait for a flower's coming —
in a word, live;
although there are always some shitheads
who will not accept our lives.

At last he Matilde Urrutia, I'm leaving you here
turns in all I had, all I didn't have,
ecstasy to all I am, all I am not.
his love My love is a child crying,
reluctant to leave your arms,
I leave it to you for ever —
you are my chosen one.

You are my chosen one,
more tempered by winds
than thin trees in the south,
a hazel in August;
for me you are as delicious
as a great bakery.
You have an earth heart
but your hands are from heaven.

You are red and spicy,
you are white and salty

como escabeche de cebolla,
eres un piano que ríe
con todas las notas del alma
y sobre mí cae la música
de tus pestañas y tu pelo,
me baño en tu sombra de oro
y me deleitan tus orejas
como si las hubiera visto
en las mareas de coral:
por tus uñas luché en las olas
contra pescados pavorosos.

De Sur a Sur se abren tus ojos,
y de Este a Oeste tu sonrisa,
no se te pueden ver los pies,
y el sol se entretiene estrellando
el amanecer en tu pelo.
Tu cuerpo y tu rostro llegaron
como yo, de regiones duras,
de ceremonias lluviosas,
de antiguas tierras y martirios,
sigue cantando el Bío-Bío
en nuestra arcilla ensangrentada,
pero tú trajiste del bosque,
todos los secretos perfumes
y esa manera de lucir
un perfil de flecha perdida,
una medalla de guerrero.
Tú fuiste mi vencedora
por el amor y por la tierra,
porque tu boca me traía
antepasados manantiales,
citas en bosque de otra edad,
oscuros tambores mojados:
de pronto oí que me llamaban:
era de lejos y de cuando
me acerqué al antiguo follaje

like pickled onions,
you are a laughing piano
with every human note;
and music runs over me
from your eyelashes and your hair.
I wallow in your gold shadow,
I'm enchanted by your ears
as though I had seen them before
in underwater coral.
In the sea for your nails' sake,
I took on terrifying fish.

Your eyes widen from south to south,
your smile goes east and west;
your feet can hardly be seen,
and the sun takes pleasure
in dawning in your hair.
Your face and your body come from
hard places, as I do,
from rain-washed rituals,
ancient lands and martyrs.
The Bío-Bío still sings
in our bloodstained clay,
but you brought from the forest
every secret scent,
and the way your profile has of shining
like a lost arrow,
an old warrior's medal.
You overcame me
with love and origins,
because your mouth brought back
ancient beginnings,
forest meetings from another time,
dark ancestral drums.
I suddenly heard myself summoned—
it was far away, vague.
I moved close to ancient foliage,

y besé mi sangre en tu boca,
corazón mío, mi araucana.

Qué puedo dejarte si tienes,
Matilde Urrutia, en tu contacto
ese aroma de hojas quemadas,
esa fragancia de frutillas
y entre tus dos pechos marinos
el crepúsculo de Cauquenes
y el olor de peumo de Chile?

Es el alto otoño del mar
lleno de niebla y cavidades,
la tierra se extiende y respira,
se le caen al mes las hojas.
Y tú inclinada en mi trabajo
con tu pasión y tu paciencia
deletreando las patas verdes,
las telarañas, los insectos
de mi mortal caligrafía,
oh leona de pies pequeñitos,
qué haría sin tus manos breves?
dónde andaría caminando
sin corazón y sin objeto?
en qué lejanos autobuses,
enfermo de fuego o de nieve?

Te debo el otoño marino
con la humedad de las raíces,
y la niebla como una uva,
y el sol silvestre y elegante:
te debo este cajón callado
en que se pierden los dolores
y sólo suben a la frente
las corolas de la alegría.
Todo te lo debo a ti,

I touched my blood in your mouth,
dear love, my Araucana.

What can I leave you, Matilde,
when you have at your touch
that aura of burning leaves,
that fragrance of strawberries,
and between your sea-breasts
the half-light of Cauquenes,
and the laurel-smell of Chile?

It is high autumn at sea,
full of mists and hidden places;
the land stretches and breathes,
leaves fall by the month.
And you, bent over my work,
with both passion and patience,
deciphering the green prints,
the spiderwebs, the insects
of my fateful handwriting.
Lioness on your little feet,
what would I do without
the neat ways of your hands?
Where would I be wandering
with no heart, with no end?
On what faraway buses,
flushed with fire or snow?

I owe you marine autumn
with dankness at its roots
and fog like a grape
and the graceful sun of the country;
and the silent space
in which sorrows lose themselves
and only the bright crown
of joy comes to the surface.
I owe you it all,

tórtola desencadenada,
mi codorniz copetona,
mi jilguero de las montañas,
mi campesina de Coihueco.

Alguna vez si ya no somos,
si ya no vamos ni venimos
bajo siete capas de polvo
y los pies secos de la muerte,
estaremos juntos, amor,
extrañamente confundidos.
Nuestras espinas diferentes,
nuestros ojos maleducados,
nuestros pies que no se encontraban
y nuestros besos indelebles,
todo estará por fin reunido,
pero de qué nos servirá
la unidad en un cementerio?
Que no nos separe la vida
y se vaya al diablo la muerte!

Recomen- Aquí me despido, señores,
daciones después de tantas despedidas
finales y como no les dejo nada
quiero que todos toquen algo:
lo más inclemente que tuve,
lo más insano y más ferviente
vuelve a la tierra y vuelve a ser:
los pétalos de la bondad
cayeron como campanadas
en la boca verde del viento.

Pero yo recogí con creces
la bondad de amigos y ajenos.
Me recibía la bondad
por donde pasé caminando

my unchained dove,
my crested quail,
my mountain finch,
my peasant from Coihueco.

Sometime when we've stopped being,
stopped coming and going,
under seven blankets of dust
and the dry feet of death,
we'll be close again, love,
curious and puzzled.
Our different feathers,
our bumbling eyes,
our feet which didn't meet
and our printed kisses,
all will be back together,
but what good will it do us,
the closeness of a grave?
Let life not separate us;
and who cares about death?

Last remarks   So I'm saying goodbye, gentlemen,
after so many farewells;
and since I'm leaving nothing,
I want everyone to have something;
the stormiest thing I had,
the craziest and most seething
comes back to earth, comes back to life.
The petals of well-wishing
fell like bells
in the green mouth of the wind.

But I've had in abundance
the bounty of friends and strangers.
I've found generosity
wherever my ways took me

y la encontré por todas partes
como un corazón repartido.

Qué fronteras medicinales
no destronaron mi destierro
compartiendo conmigo el pan,
el peligro, el techo y el vino?
El mundo abrió sus arboledas
y entré como Juan por su casa
entre dos filas de ternura.
Tengo en el Sur tantos amigos
como los que tengo en el Norte,
no se puede poner el sol
entre mis amigos del Este,
y cuántos son en el Oeste?
No puedo numerar el trigo.
No puedo nombrar ni contar
los Oyarzunes fraternales:
en América sacudida
por tanta amenaza nocturna
no hay luna que no me conozca
ni caminos que no me esperen:
en los pobres pueblos de arcilla
o en las ciudades de cemento
hay algún Arce remoto
que no conozco todavía
pero que nacimos hermanos.

En todas partes recogí
la miel que devoran los osos,
la sumergida primavera,
el tesoro del elefante,
y eso se lo debo a los míos,
a mis parientes cristalinos.
El pueblo me identificó
y nunca dejé de ser pueblo.
Tuve en la palma de la mano

and I found it everywhere
like a shared-out heart.

Nor did medicinal frontiers
ever upset my exile—
they shared bread with me,
danger, shelter, wine.
The world threw open its orchards
and I went in, like Jack to his house,
between two rows of tenderness.
I have as many friends in the South
as I have in the North,
the sun could never set
on my friends in the East—
and how many in the West?
I can't count the wheat.
I can't number or count
my friends among the Oyarzunes.
In America, shaken by
so much night-fear,
there's not a moon doesn't know me,
no roads that don't expect me,
in the poor clay villages
or the concrete cities
there's some remote Arce
whom I don't know yet
except we were born brothers.

Everywhere I gathered
the honey that bears devour,
the secret stirrings of spring,
the treasure of the elephants,
and that I leave to my own ones,
the clear stream of my family.
The people defined me
and I never stopped being one of them.
I held in the palm of my hand

el mundo con sus archipiélagos
y como soy irrenunciable
no renuncié a mi corazón,
a las ostras ni a las estrellas.

Termina su De tantas veces que he nacido
libro el poeta tengo una experiencia salobre
hablando de como criatura del mar
sus variadas con celestiales atavismos
transforma- y con destinación terrestre.
ciones y Y así me muevo sin saber
confirmando a qué mundo voy a volver
su fe en la o si voy a seguir viviendo.
poesía Mientras se resuelven las cosas
aquí dejé mi testimonio,
mi navegante estravagario
para que leyéndolo mucho
nadie pudiera aprender nada,
sino el movimiento perpetuo
de un hombre claro y confundido,
de un hombre lluvioso y alegre,
enérgico y otoñabundo.

Y ahora detrás de esta hoja
me voy y no desaparezco:
daré un salto en la transparencia
como un nadador del cielo,
y luego volveré a crecer
hasta ser tan pequeño un día
que el viento me llevará
y no sabré cómo me llamo
y no seré cuando despierte:

entonces cantaré en silencio.

the world with its archipelagos
and since I can't be denied,
I never denied my heart,
or oysters, or stars.

The poet ends
his book by
talking about
his transform-
ations and
confirms his
faith in
poetry
From having been born so often
I have salty experience
like creatures of the sea
with a passion for stars
and an earthy destination.
And so I move without knowing
to which world I'll be returning
or if I'll go on living.
While things are settling down,
here I've left my testament,
my shifting extravagaria,
so whoever goes on reading it
will never take in anything
except the constant moving
of a clear and bewildered man,
a man rainy and happy,
lively and autumn-minded.

And now I'm going behind
this page, but not disappearing.
I'll dive into clear air
like a swimmer in the sky,
and then get back to growing
till one day I'm so small
that the wind will take me away
and I won't know my own name
and I won't be there when I wake.

Then I will sing in the silence.